ARQUITECTURA DEL ÉXITO

DISEÑANDO UN PLAN PARA
ALCANZAR UNA VIDA PLENA Y FELIZ

DR. CAMILO CRUZ

TALLER DEL ÉXITO

La Arquitectura del Éxito

Publicado por:

Taller del Éxito, Inc.
1669 N.W. 144 Terrace, Suite 210
Sunrise, Florida 33323
Estados Unidos

Editorial dedicada a la difusión de libros y audiolibros de desarrollo personal, crecimiento personal, liderazgo y motivación.

Diseño de carátula y diagramación: Diego Cruz

ISBN 10: 1-607380-54-4
ISBN 13: 978-1-6073-8-054-2

Printed in Colombia
Impreso en Colombia por D´vinni S.A.

Primera edición

11 12 13 14 15 R|CD 07 06 05 04 03

CONTENIDO

INTRODUCCIÓN

¿Es posible desarrollar un plan de éxito para nuestro proyecto de vida utilizando la misma metodología que utilizaría un arquitecto para diseñar los planos de un edificio?

Hay quienes piensan que el pretender desarrollar un plan de éxito tiene poco sentido ya que lo que ha de suceder en nuestra vida, sucederá independientemente de que esté en nuestros planes o no. Otros opinan que simplemente existen demasiados imprevistos, urgencias, crisis, interrupciones y emergencias que hacen virtualmente imposible la implementación de cualquier plan de acción.

Finalmente, están los que creen que el empeñarse en planear sus acciones y su tiempo, le quita libertad y espontaneidad a la vida, privándolos de la creatividad que requiere su trabajo o profesión. Lo curioso es que muchas de estas personas son las mismas que se quejan de estar siempre estresadas, trabajando más horas de las que quisieran y angustiadas por el hecho de estar prestando poca o ninguna atención a lo que consideran realmente importante.

Todo esto nos obliga a preguntarnos: ¿podemos ser espontáneos o creativos cuando estamos estresados, angustiados, trabajando hasta media noche por falta de planeación, o corriendo siempre contra el reloj? ¡No! Es todo lo contrario, la libertad se gana cuando te aseguras de estar dedicando tu tiempo a aquello que es verdaderamente importante para ti.

A comienzo del siglo pasado, el escritor inglés William Henley escribió: "Soy el dueño de mi destino, soy el capitán de mi alma", al tiempo que el gran poeta mejicano Amado Nervo profetizaba en su poema titulado, *En Paz*: "Porque veo al final de mi rudo camino que yo fui el arquitecto de mi propio destino". Al igual que ellos, estoy plenamente convencido que todos podemos diseñar una vida plena y feliz, rica en emociones y abundante en éxitos.

Obviamente, no toda meta se hace realidad, ni todo lo planeado se lleva a cabo tal como fue concebido en un principio. Muchos sueños quedan truncados en el camino y otros pasan a un segundo plano en la medida en que cambian las circunstancias personales. El planear no garantiza el éxito ni asegura que viviremos plena y felizmente. Sin embargo, el no contar con un plan de vida, el vivir en la oscuridad en lo que respecta a nuestras metas y objetivos, y el no saber hacia donde nos estamos moviendo, sí garantiza nuestro fracaso.

Es sencillo, las personas no fracasan porque planeen su fracaso, sino porque no planean su éxito, y al no planear su éxito, de por sí ya están planeando su fracaso.

Cuando alguien logra una gran meta, es común escuchar cosas como: "¡Qué suerte tuvo! ¡A aquel le tocó fácil! ¡Le llegó en bandeja de plata! ¡La suerte estuvo de su lado!" Pero lo cierto es que, pese a que muchos aún crean que el éxito es el resultado de la suerte, de la coincidencia o de la buena partida que nos haya jugado la vida, la verdad es que el éxito es la consecuencia de un plan de acción desarrollado y puesto en marcha a propósito. Y ese plan comienza con un conocimiento claro y preciso de las metas y objetivos que deseamos alcanzar en cada una de nuestras áreas.

Es por eso que he escrito este libro; estoy seguro que te proveerá las herramientas para trazar un plan que te permita construir la vida que verdaderamente deseas llevar. Por esa razón, no te limites a leerlo de manera pasiva y a esperar que su conocimiento produzca algún efecto sin la necesidad de ninguna otra acción. Debes lograr que cada concepto se convierta en un hábito y cada idea que se origine como resultado de su lectura, encuentre una aplicación inmediata en tu vida diaria.

La historia que encontrarás en estas páginas se basa en hechos reales. Hace algunos años tuve la oportunidad de conducir un taller, similar al que narro aquí, con siete ejecutivos de una empresa. Tanto los desafíos y conflictos que menciono a lo largo de cada capítulo, como las decisiones y compromisos realizados por cada uno de ellos, son similares a los que realizaran aquellos siete ejecutivos con quienes desarrollé por primera vez la estrategia que hoy quiero invitarte a considerar.

Mientras lees cada capítulo, imagínate siendo parte de ese taller, realiza todos los ejercicios que les han sido asignados a cada uno de los protagonistas de esta gran aventura de autodescubrimiento. Al tiempo que aprecias sus propias inquietudes sobre cada tema, piensa en cuál es tu perspectiva al respecto y qué decisiones personales tomarías en su lugar.

Acompáñalos en este encuentro con su yo interior. Para optimizar la efectividad de este sistema, consigue una libreta donde tomes notas, desarrolles tus ideas y veas tu progreso en la medida en que implementas tu plan personal de éxito.

Si es necesario, lee cada capítulo un par de veces, reflexiona sobre tus respuestas, escribe y reescribe tus metas hasta que sientas que éstas verdaderamente reflejan el futuro que deseas ver realizado.

Te prometo que si desarrollas cada ejercicio a cabalidad, y te comprometes a adquirir los hábitos de éxito que identificarás a lo largo de este viaje, tu vida nunca será la misma. Descubrirás la felicidad de vivir plenamente, y encontrarás que no hay sueños imposibles de realizar, ni metas que estén fuera de tu alcance.

Siete de los diez capítulos del libro buscan ayudarte a examinar una faceta distinta de tu vida. En cada uno de ellos encontrarás diferentes ejercicios que requerirán tu total atención y compromiso. Tendrás la oportunidad de autoevaluarte y determinar si estás o no prestando suficiente atención a cada una de estas áreas. Toma el tiempo necesario para realizar cuidadosamente estas evaluaciones. Escribe en tu libreta todo lo que crees que debes cambiar. Identifica acciones específicas que te permitan comenzar a efectuar cambios positivos desde hoy mismo. Ten presente que toda meta que no se traduzca en acción inmediata, no es una buena meta.

Al final de cada capítulo encontrarás tres ejercicios que en el taller original les permitieron a todos los integrantes del grupo afianzar los principios de éxito que hallarás en sus páginas. El primero es tu "Plan de acción", que no es más que una serie de interrogantes e ideas que buscan proveerte con acciones específicas para que empieces a desarrollar hábitos de éxito.

Te sugiero que no trates de sentarte y dar la primera respuesta que encuentres en el momento. Reflexiona objetivamente acerca de cada una de estas preguntas durante el día.

Lleva tu libreta siempre contigo, ya que la mente suele enviar grandes ideas cuando menos lo esperamos. Al final de esas 24 horas, siéntate y desarrolla tu plan de acción.

El segundo ejercicio que encontrarás es uno de los más importantes; su objetivo es brindarte la oportunidad de identificar las diez metas más importantes en cada una de las facetas de tu vida. Recuerda que sólo si sabes hacia donde vas, podrás encontrar la mejor manera de llegar allí.

Finalmente, cada capítulo culmina con una sección titulada "Afirmaciones de éxito". Lo que esta sección busca es ayudarte a reprogramar tu mente subconsciente con ideas y expresiones de éxito que te permitan internalizar y afianzar cada uno de los componentes de dicho plan. Recuerda que este tipo de conversación consigo mismo es la única manera de programar y reprogramar tu mente subconsciente. El repetir estas afirmaciones con convicción y entusiasmo, no sólo te proveerá con una mejor actitud, sino que cambiará tu percepción de quien eres, y consolidará tu compromiso para con tus metas, sueños y aspiraciones.

Sé lo que las afirmaciones positivas hacen por nuestra autoestima y por el logro de nuestras metas. Sin embargo, es importante entender que no es la intención, sino la convicción y la decisión, las que le dan gran poder a las afirmaciones que utilicemos.

No vas a solucionar un problema de sobrepeso, simplemente repitiendo ¡Soy delgado, soy delgado, soy delgado! No importa qué tanto te concentres o con cuanto entusiasmo lo digas; si comes sin control y no haces ejercicio, todo seguirá igual y tus autoafirmaciones no servirán de nada. Quizás por ello es que muchas personas piensan que las afirmaciones no sirven y que es mejor ser realistas y aceptar las cosas tal como son.

Como descubrirás a lo largo de este libro, triunfar y ser feliz es una decisión personal. Bien decía Abraham Lincoln que "toda persona es tan feliz como se propone serlo". Cada día, cada mañana al levantarnos, tenemos la opción de escoger entre ser feliz o infeliz, entre hacer de ese día un día memorable o simplemente un día más.

Triunfar y ser feliz es una actitud, es no permitir que sean las circunstancias las que te digan cómo sentirte, es hacer lo que amas y amar lo que haces, es tener grandes expectativas, es saber que posees metas que responden a las diferentes facetas de tu vida y asegurarte que día a día caminas hacia la realización de todas ellas. Eso es lo que espero que este libro te ayude a realizar.

Felicitaciones y mucho éxito en este espectacular viaje de autodescubrimiento que estás a punto de emprender.

—Dr. Camilo Cruz

CAPÍTULO

1

EL ORIGEN DEL PROBLEMA

Al escuchar la pregunta que el presentador formula, Sebastián, el ejecutivo más joven y nuevo del grupo, levanta la mano sintiéndose repentinamente inspirado y creyendo tener la respuesta acertada. Y aunque el objetivo del expositor no es obtener una respuesta específica al interrogante sino más bien lograr que las siete personas que se encuentran en la pequeña sala de juntas reflexionen sobre el tema en cuestión, mira en dirección al joven con cierta curiosidad y con un leve gesto lo invita a realizar su comentario.

—No hay nada completo en la vida —responde sin preocuparse por disimular el cinismo que se insinúa en sus palabras—. Parece que el triunfar en cualquier área requiere siempre grandes sacrificios en otras facetas de la vida.

El apunte pasa desapercibido para la mayoría de sus compañeros, quienes aún tratan de acomodarse alrededor de la gigantesca mesa que da poco espacio para moverse.

Las ocho de la mañana no es la hora más indicada para empezar a participar en un taller que va a durar todo el día —piensa Martín, su compañero de oficina quien se encuentra a su lado endulzando una taza de café con la que espera mantenerse lo más alerta posible durante el resto de la mañana.

De hecho, cuando Mark lanzó la pregunta al aire, pocos le prestaron atención. Sin embargo, el joven expositor, cuya edad debe rondar los treinta y cinco años, no parece intimidado ni preocupado con la apatía que reina en el ambiente. Es consciente de que todo proceso de cambio acarrea sus dolores e incomodidades propias. Sabe que un par de semanas atrás, cuando recibieron la invitación del presidente de la compañía a aquel "retiro de autodescubrimiento" de tres días, todos manifestaron su descontento y escepticismo para con este tipo de eventos, que ven como una distracción innecesaria en medio de la etapa de mayor crecimiento de la empresa.

No es tiempo para frenar el paso acelerado al cual se mueve le compañía en el mejor momento desde su fundación —comentó alguien en un email que circuló de manera anónima días antes—. Particularmente en una época cuando muchas empresas enfrentan la peor crisis económica de los últimos cincuenta años.

—¡Bueno! Vamos a ver, quiero asegurarme que he entendido bien: ¿Así que usted cree que la razón por la cual hoy por hoy más de un 84% de los profesionales afirman que su trabajo ya no es un reto, que no los motiva y que se sienten en un callejón sin salida, es porque...."nada es completo en la vida?"

La pregunta queda flotando en el aire sin que nadie dé la menor señal de querer involucrase en la discusión. Lejos de amedrentar al joven, el tono sarcástico del expositor, parece estimularlo a mantenerse firme en su posición.

—¿Acaso no es cierto? Desde que tengo memoria lo he venido escuchando. ¡Nada es completo en la vida! ¡No podemos tener todo lo que queremos! ¡Hay que hacer grandes sacrificios! ¡Si quieres esto, prepárate a sacrificar aquello!

—Es cierto —se anima Raquel—, todo lo que deseamos lograr tiene un precio, eso es claro. El problema es que con el tiempo nos damos cuentas que ese logro nos salió caro y comenzamos a preguntarnos si en verdad valió la pena pagar un precio tan alto por el éxito.

—Ajá —dice Mark mientras se acomoda los lentes, dejando ver que no está nada convencido— ¿Algún ejemplo específico que quiera compartir?

Raquel es conocida por ser una trabajo-adicta, como se denomina en la jerga laboral a aquellas personas que no hablan de otra cosa que no sea su trabajo, que hacen más horas extras que cualquier otra persona en la oficina y dan la impresión de disfrutar de su trabajo más que de cualquier otra actividad en su vida personal.

Poco le preocupan las críticas ya que como ella misma dice: "No tengo vida personal de todas maneras". Cuando era más joven, esto no le molestaba; el trabajo le producía más satisfacción y menos estrés que las relaciones. Ahora, a sus treinta y seis años y sin ningún prospecto de una relación estable en el horizonte, se cuestiona si el haber sacrificado su vida sentimental en pos de su éxito profesional no ha sido un precio demasiado alto.

—Cuando tenía veinticuatro años y entré al mercado laboral, sabía que si deseaba llegar donde quería en mi profesión debía estar dispuesta a sacrificar muchas cosas. Lo único que nunca me imaginé es que doce años más tarde estaría pagando el mismo precio —calla, pero cuando se dispone a agarrar su tasa de café, recuerda algo más—. Lo peor de todo es que estoy segura que si trato de vivir más balanceadamente, con seguridad eso será interpretado como que mi carrera me ha dejado de importar.

—No hay nada completo en la vida… —murmura nuevamente Sebastián, sintiendo que lo que Raquel acaba de decir ratifica aún más su afirmación inicial.

—Entonces de lo que estamos hablando es de ser capaces de mantener un balance en nuestra vida, ¿cierto?— pregunta Mark, paseando su mirada por toda la sala, buscando medir qué grado de aprobación tiene la aseveración hecha por Sebastián.

—No podemos desconocer que nuestro trabajo toma la mayor parte del día y que nos deja poco tiempo para cualquier otra cosa —se aventura a decir Alan, el ejecutivo más joven de la compañía.

Las cosas no podían estar marchando mejor para él hasta hacía unos meses. Su trabajo no sólo le apasionaba, sino que su posición de gerente general le daba la oportunidad de viajar, algo que ama hacer. Sin embargo, una noche al llegar a casa, encuentra que su esposa se ha marchado, dejándole una nota que dice: "Actúas como si yo no existiera. Ya no deseo vivir un día más así. Adiós".

De repente una faceta entera de su vida desaparece de la noche a la mañana. Desde entonces su productividad en la empresa ha decaído notoriamente pese a que él busca llenar el vacío que su fallida relación dejó, trabajando más y más horas.

—Pero no es sólo el trabajo el que a veces se interpone —agrega Guillermo, sintiéndose animado por el repentino interés que se ha despertado en el grupo—. Hay áreas de la vida que ignoramos totalmente, y no porque estén en conflicto con otras, sino porque simplemente no les prestamos atención.

—Específicamente... —cuestiona Mark.

—La salud, por ejemplo.

Guillermo, quien dirige el departamento de ventas, conoce de primera mano los terribles resultados de llevar una vida fuera de balance. Su mejor amigo construyó una imponente empresa, pero murió en un momento de gran éxito profesional, víctima de un paro cardíaco, como resultado del cigarrillo y las 65 libras de sobrepeso que llevaba encima. Él se prometió no cometer el mismo error y comenzó a prestar atención a su salud y su estado físico, pero después de unos meses todo volvía a ser como antes.

—No puedo decir que es el trabajo o la falta de tiempo lo que no me permite cuidar de mi salud. Sé lo importante que es, pero simplemente no lo hago. ¡Es una estupidez! —dice con rabia, pensando en lo absurdo de su situación.

Los minutos pasan y se aproxima la hora de un breve descanso programado para la media mañana. La indiferencia inicial del grupo poco a poco es reemplazada por un deseo genuino de encontrar respuestas a preguntas que hasta ese momento no se habían atrevido a formular.

—Yo creo que el origen del problema es que todos queremos triunfar, pero pocos nos preocupamos por definir exactamente lo que deseamos —añade Sara con una seguridad poco usual para su edad.

A sus 25 años es la mujer más joven del grupo y tiene a su cargo un pequeño contingente de jóvenes diseñadores y publicistas encargados de crear y recrear la imagen de la compañía de acuerdo con las exigencias del mercado.

—Entonces, no es necesariamente que nuestro trabajo nos impida ocuparnos de las otras áreas de nuestra vida —responde Mark mientras se dispone a escribir algo en la pizarra.

—No siempre. Si planeamos nuestras metas profesionales, pero olvidamos todo lo demás: nuestra vida espiritual, la salud, la familia y nuestras finanzas, entonces, ¿cómo esperamos triunfar de manera integral y llevar una vida balanceada? El éxito profesional es de poco valor si se obtiene a costa de nuestra salud, o si crea un distanciamiento con nuestros seres queridos.

El último apunte de Sara, genera inquietud, inclusive entre aquellos que aún no se animan a participar. La alarma en el celular de Mark suena indicando que la hora del tan esperado descanso ha llegado. Sara se detiene un instante a hablar con él mientras el resto del grupo se dirige a la mesa del café o se apresura a revisar los mensajes en sus celulares.

CAPÍTULO

2

TÚ Y TU JUNTA DIRECTIVA

Retomando la última idea que presentara Sara antes de salir al descanso, Mark escribe en la pizarra: "Necesitamos planear" frente al primero de tres numerales. Frente al segundo escribe: "Debemos asegurarnos que nuestras metas respondan a todas las facetas de nuestra vida".

— ¿Algo más?

—Darle prioridad a esas metas —se aventura a decir Janet, quien se ha mantenido al margen de la discusión.

—Sea más explícita, por favor.

—No es sólo escribirlas, sino colocar una fecha para su logro y comenzar a trabajar en ellas. Ahí está lo verdaderamente difícil.

Mark escribe frente al número tres: "Asignar a cada meta una prioridad, fijando una fecha para su logro". Luego pregunta:

—¿Cuáles áreas creen ustedes que debemos tener en cuenta al realizar nuestro plan de éxito personal?

—Yo creo que hay algunas áreas claves —contesta rápidamente Sara—: la familia, la salud, nuestra vida espiritual, las finanzas...

Mark escribe tan rápidamente como puede.

—Obviamente, no podemos olvidar las profesionales, porque de todas maneras necesitamos salir adelante en nuestra carrera —agrega Sebastián.

—¿Crecimiento personal o intelectual? Y aunque no hay mucha convicción en las palabras de Martín, Mark lo escribe de todas maneras.

—Bueno, pero no todo puede ser trabajo —sonríe Janet—, necesitamos actividades recreativas, metas de diversión, ¿no?

—¿Alguien más? —pregunta Mark, mientras enumera las áreas que acaba de escribir. Nadie agrega nada más. En la pizarra se pueda leer:

1. **Metas familiares**
2. **Metas de salud y estado físico**
3. **Metas espirituales**
4. **Metas financieras**
5. **Metas profesionales**
6. **Metas intelectuales y de crecimiento personal**
7. **Metas recreativas y de diversión**

Sebastián levanta discretamente la mano, pidiendo la palabra:

—¿Está usted sugiriendo que este debe ser el orden de prioridad de nuestras metas?

—¡Absolutamente no! El orden de prioridad depende enteramente de cada uno de ustedes. Es una decisión personal que se deriva de sus circunstancias presentes y sus valores personales. Cuando estas circunstancias cambien, algunos de sus valores probablemente cambiarán y el orden de prioridad será otro. Por esa razón, este es un ejercicio que debemos hacer con cierta frecuencia. Nuestras prioridades hoy no son las que teníamos hace diez años, y seguramente continuarán cambiando.

Tiene sentido que si usted recién entra al mercado laboral, sus metas profesionales gocen de una gran importancia. De la misma manera, si acaba de tener un hijo, lo más seguro es que sus metas familiares tengan mucha más relevancia para usted que para una persona soltera. Así que como ve, dos personas pueden tener las mismas metas, pero el orden de prioridad puede ser totalmente distinto y esto influye en su manera de pensar y actuar.

Sin embargo, nos estamos adelantando demasiado. Antes de establecer el orden de prioridad de nuestras metas, quiero proponerles un ejercicio que seguramente esclarecerá muchas de sus inquietudes.

Como ustedes saben, las organizaciones, por lo general, cuentan con un líder que lleva las riendas de la empresa y una junta directiva que, junto con su líder, establecen la visión y los objetivos y monitorean el progreso y rendimiento de la compañía. Es común que cuando una empresa está a punto de tomar una decisión de gran importancia, se reúna la junta directiva y el presidente, para que este escuche las inquietudes y opiniones de los miembros de su junta antes de tomar una determinación sobre cuáles serán los objetivos a seguir o el camino indicado para alcanzarlos.

Y puesto que esta estrategia ha demostrado ser una manera inteligente y efectiva de trabajar, voy a sugerir que utilicemos un modelo similar para desarrollar nuestro plan de éxito personal.

Quiero que por un momento imaginen que su mente es como una gran empresa, una planta generadora de sueños, propósitos, ideas y deseos. Una de sus responsabilidades más importantes como presidentes, es invertir suficiente tiempo en planear el futuro de su empresa, fijando metas y tomando decisiones acerca de cómo responder a las circunstancias que enfrentan diariamente.

Ahora quiero que se imaginen en la sala de juntas y se visualicen a sí mismos a la cabeza de su empresa con los siete miembros de su junta directiva. Cada uno de ellos representa una de las múltiples facetas de su "ser", de su "yo".

Allí se encuentran representadas las siete facetas de la vida que ya identificamos: su ser profesional, su ser intelectual, su ser espiritual, su ser familiar, su ser salud y estado físico, su ser recreativo y su ser financiero.

Cada uno de ellos tiene la responsabilidad de mejorar y desarrollar los diferentes aspectos del área que representa. Cada uno buscará proyectar sus deseos o intereses, tal vez un tanto egoístamente, como si fueran los más importantes. No se extrañen, por ejemplo, que al momento de sentar metas, su ser profesional quiera que ustedes se concentren exclusivamente en sus objetivos profesionales, sin importarle sus demás necesidades. Después de todo, desde su punto de vista, sus metas profesionales deberían ser su mayor prioridad.

Es así como constantemente pueden surgir diferencias y conflictos entre su ser profesional, para quien el alcanzar nuevos logros en su profesión debe ser su prioridad número uno, y su ser familiar, quien no puede aceptar ser relegado a un segundo plano como consecuencia de su afán por triunfar profesionalmente.

Esta situación de aparente conflicto, se hace aún más difícil si tomamos en cuenta que, en el fondo, cada uno de ellos desea su éxito personal.

Su trabajo, entonces, consiste en escuchar a cada uno de los miembros de su junta directiva, descubrir cuáles son sus metas más ambiciosas, atender cuidadosamente sus quejas, y tomar atenta nota, de manera que al desarrollar su plan de éxito personal, todas las facetas de su "ser" se vean representadas.

—¿Qué podemos hacer cuando surge una de esas situaciones en que una meta parece estar en conflicto la otra? —pregunta Martín.

—Buena pregunta. El propósito del ejercicio que haremos es ese, aprender qué hacer para evitar esos conflictos que aparecen cuando nos vemos en necesidad de decirle sí a una meta y no a la otra. Por ejemplo, ¿qué hacer cuando le ofrecen un ascenso en su empresa, un puesto con mayor prestigio y ganando un poco más de dinero?

—Aceptarlo, por supuesto —responde Martín sin ningún titubeo.

—¿Y si exige que se mude a otra ciudad?

—Pues habrá que mudarse, supongo.

—¿Y si sus hijos están a mitad de año escolar y su esposa desea permanecer donde está para estar cerca de la familia?

—Bueno....

—¿Ve usted? Así surgen los conflictos a los que me refiero —Mark da unos pasos hacia el tablero donde escribió la lista de las siete facetas—. Sebastian preguntaba anteriormente sobre el orden de prioridades. Eso es lo que nos permitirá resolver el conflicto; no lo eliminará, pero sí nos permitirá saber cómo responder de una manera que vaya de acuerdo a nuestros valores y principios.

—No estoy segura de entender a qué se refiere —interviene Raquel.

—Es sencillo, si de antemano determinamos que si se llega a presentar un conflicto entre una meta profesional y una familiar, nuestra meta familiar tendrá prioridad sobre la profesional, entonces la elección ya está hecha, ¿no es cierto? No tengo que agonizar pensando cuál será la decisión correcta, ni me voy a sentir que estoy entre la espada y la pared, o que debo hacer un gran sacrificio. Sólo estoy tomando una decisión de acuerdo a un plan y a unas prioridades trazadas con anterioridad. La clave es hacerlo de antemano, cuando estemos tranquilos, teniendo en cuenta todos los aspectos de nuestra vida en conjunto, no cuando el jefe nos pregunta, ¿acepta la oferta, sí o no?

—Pero me estoy adelantando nuevamente. Baste decir por el momento que si identificamos nuestras metas en cada área y les asignamos la prioridad que cada uno de nosotros decida, veremos que es posible llevar una vida plena, respondiendo a todas las facetas de nuestra vida. Es factible, inclusive, que al final de este ejercicio descubramos que, contrario a lo que Sebastián planteaba esta mañana, no todo en la vida es "tan incompleto" como él sugiere.

—Bueno, ¿pero cuál es el ejercicio este del que ha venido hablando? —la inquietud en la cara de Raquel comienza a hacerse evidente.

—Muy bien. Al grano entonces —dice, percibiendo que el grupo comienza a impacientarse—, pero antes, una última historia que nos deja ver la percepción que muchas personas tienen a este respecto. Hace algunas semanas veía en televisión un programa en el cual le preguntaban a personas que iban para sus trabajos, qué preferían: alcanzar el éxito o ser feliz.

Una tras otra, todas presentaban lo que en su opinión eran argumentos válidos para justificar haber escogido el éxito o la felicidad. Y todas lo hicieron sin darse cuenta de que en virtud de haber escogido el uno o el otro, aceptaban que era imposible tener éxito y ser feliz a la vez.

Hoy sé, y espero que al final de estos tres días de trabajo ustedes también lo sepan, que es posible triunfar profesionalmente sin tener que sacrificar la relación con su pareja o con sus hijos. He erradicado de mi vida la vieja creencia que por mucho tiempo me condicionó a aceptar que para triunfar, debía trabajar intensamente, olvidándome de mi recreación, de mis hobbies y hasta de mi salud. Descubrí que contrario a lo que muchos hemos llegado a aceptar, es posible mantener un balance entre lo material y lo espiritual, entre el trabajo y la diversión, que la felicidad es un producto del éxito, y que el éxito sin felicidad no tiene sentido.

Espero que logre convencerse —dirigiendo su mirada a Sebastián— que, no sólo es posible tener una vida balanceada, sino que ese debe ser el objetivo de toda persona que desee ser feliz.

Ahora sí, el ejercicio que les había prometido. Esta tarde, cada uno de ustedes se llevará a casa uno de estos sobres —apresurándose a sacar de su maletín siete sobres blancos que coloca a manera de baraja para que cada uno de ellos escoja uno—. Dentro encontrarán varias hojas con una serie de interrogantes y cuestionamientos concernientes a una de las áreas que identificamos anteriormente.

Su objetivo es imaginarse que en nuestra junta directiva, cada uno de ustedes representa dicha área. Cada quien será el "ser profesional", el "ser financiero", o cualquiera que le haya tocado. En los siguientes dos días tendrán la responsabilidad de presentar ante el resto del grupo los deseos, inquietudes, dudas, temores, sueños y aspiraciones de ese "ser", como si fuese el área más importante de su vida.

Éxitos. Trabajen rápido y recuerden que tiene una gran responsabilidad ya que si ustedes no sacan a relucir algún aspecto del área que les ha sido asignada, seguramente, nadie más lo hará. Nos vemos mañana.

Cada uno toma un sobre. Algunos lo abren prontamente, mientras otros salen apresurados a sus oficinas. Ninguno sospecha los retos que este simple ejercicio planteará a sus vidas.

CAPÍTULO

3

EL ÁREA PROFESIONAL

Cuando Raquel abre el sobre y descubre el área que le ha correspondido desarrollar —el ser profesional— piensa en lo absurdo e irónico de la situación. Ella, una adicta al trabajo, será la encargada de señalar por qué las metas profesionales deben ser las de mayor prioridad. No le sería difícil hacerlo, después de todo, es lo que ha venido haciendo durante más de una década. Lo gracioso del asunto es que durante los últimos meses ha tratado de convencerse de lo contrario; siente que su trabajo la asfixia y no le permite respirar, y busca ávidamente el balance al cual Mark se refiere. Quizás este ejercicio le permita examinar su "ser profesional" desde otra óptica —piensa y sonríe.

En su último semestre en la universidad, cuando no encontraba un momento libre para dedicarle a algo más que no fuera su carrera, solía justificarse diciendo que en pocos meses, cuando se graduara, todo cambiaría. No obstante, una vez superada esa meta, rápidamente otros objetivos profesionales tomaron su lugar. Primero fue la búsqueda del trabajo ideal; una vez creyó lograrlo, pronto, los retos de su nueva ocupación parecieron abarcar todo su tiempo. Luego vinieron los ascensos, nuevas oportunidades profesionales aparecieron, la búsqueda de mejores ingresos, y poco a poco todo lo demás fue quedando relegado a un segundo plano.

Terminó por aceptar que si quería salir adelante en su campo debía hacer muchos sacrificios. Encontraba consuelo en la idea de que cuando los requerimientos de su profesión se aplacaran un poco, retornaría nuevamente a sus otras metas y prioridades. No obstante, con el tiempo se dio cuenta que las cosas nunca iban a calmarse, que en la medida en que conquistaba ciertas metas en su profesión, nuevos retos aparecían.

Meses atrás, recibió un correo de una de sus mejores amigas sobre un reportaje realizado con un centenar de científicos de todo el mundo. Uno de los interrogantes presentados en aquella encuesta era: "¿Si pudiera diseñar nuevamente su vida, qué aspecto le gustaría cambiar? Asombrosamente, más de un ochenta por ciento de los encuestados coincidieron en que de tener una nueva oportunidad de replantear sus prioridades, dedicarían más tiempo a su familia.

Su amiga, obviamente, quería hacerle caer en cuenta de manera muy sutil, de la necesidad de trabajar en otros aspectos distintos a su carrera. Desde entonces comenzó a hacer pequeños cambios: se hizo miembro de un gimnasio que queda cerca de su apartamento, al cual asiste un par de veces por semana; está haciendo un esfuerzo por ampliar su círculo de amigos, leer más y prestar mayor atención a su vida personal. No son cambios mayores, ya que le preocupa estar descuidando su trabajo y esta angustia parece asaltarla cada vez que trata de disfrutar de sus nuevas actividades.

Por mucho tiempo el primer pensamiento al despertarse en la mañana era para su trabajo: las reuniones del día, los documentos y papeles que aguardaban sobre su escritorio y los proyectos que requerían su atención. La ducha y el desayuno transcurrían casi de manera inconsciente ya que su mente trabajaba intensamente en todo lo referente a las actividades laborales del día.

Pronto se dio cuenta que su cabeza estaba siempre en la oficina, resolviendo problemas, planeando la siguiente reunión o pensando en las metas trimestrales. Sin importar si se encontraba frente al televisor, en el parque, escuchando música, o en cama, siempre parecía estar pensando en su trabajo, incapaz de relajarse. Había llegado a convencerse que era precisamente cuando estaba trabajando que se sentía tranquila, relajada y serena. Por supuesto, pronto descubrió que esto no era más que una forma de autoengaño.

¿Cómo llegó allí?

El entusiasmo con que salió de la universidad la había llevado a conseguir tres ofertas de trabajo en los primeros seis meses. Las oportunidades de ascenso eran excelentes en su campo de acción, le apasionaba su profesión, de manera que las largas horas de oficina nunca le molestaron.

Sin darse cuenta, las citas con sus amigos, las salidas al cine y las cenas con su pareja, se hicieron menos frecuentes hasta que en algún momento, su vida personal dejó de existir. Sus únicos conocidos, ya que no podía pensar en ellos como amigos, eran sus compañeros de oficina, hacía más de cuatro años no tomaba unas vacaciones, y el entusiasmo inicial por sus deberes fue reemplazado por un estado casi constante de angustia.

Una tarde, meses atrás, su amiga le dijo que era una adicta al trabajo. Nunca antes había escuchado esta expresión, pero la sola idea de sentirse adicta a algo, fue suficiente para preocuparla. Así que decidió leer sobre el tema. Curiosamente, encontró que, lejos de ser condenada, la adicción al trabajo es aceptada como algo positivo. En lugar de recibir críticas, adictos como ella, son premiados por lo que se percibe como un mayor compromiso con sus obligaciones, pese a que, como varios estudios muestran, suelen ser menos productivos, se enferman con mayor frecuencia y cometen muchos más errores, lo cual, lejos de producir beneficios, aumenta los costos operativos y reduce la efectividad de las empresas.

Ahora, con esta inesperada tarea debe, una vez más, enfrentar esa adicción de la cual no ha podido liberarse totalmente.

La primera de las ocho hojas que vienen en el sobre corresponde a un artículo, un ensayo escrito por J. Paul Getty, sobre la mentalidad profesional y las opciones de trabajo. Aunque no conoce mucho sobre el autor, sabe que en su época llegó a ser el hombre más rico del planeta.

En el artículo, Getty asevera que, profesionalmente hablando, existen cuatro tipos de personas:

Primero, están aquellas que trabajan mejor cuando lo hacen por entero para sí mismas en su propia compañía. Después, las que, por diversas razones, no desean lanzarse a los negocios por su cuenta, pero buscan ocupar puestos prominentes en sus organizaciones, obtienen los mejores resultados y participan en los beneficios de las mismas. En la tercera categoría, se encuentran quienes sólo aspiran a ser empleados asalariados, son reacios a correr riesgos y se conforman con la seguridad de un sueldo fijo. Y finalmente, se hallan aquellas que no están motivadas por ninguna necesidad ni deseo de surgir y se conforman con lo que tienen.

De acuerdo con Getty hay una manera de pensar que ofrece a ciertas personas mejores opciones de triunfar que a otras, una mentalidad que suele encontrarse entre las personas de la primera y segunda categoría, que muy rara vez se encuentra entre los individuos de la tercera clase y es totalmente inexistente entre las personas de la cuarta categoría.

Según el artículo, lo importante de entender es que todos tenemos la opción de decidir en qué categoría deseamos encontrarnos. Todos podemos elegir cuál será nuestro destino, ya que éste siempre será moldeado por nuestra manera de pensar.

Mientras lee, Raquel recapacita sobre lo mucho que pensó en el pasado en la idea de empezar su propia empresa. Nunca había hecho nada al respecto. Ella no era persona para manejar su propio negocio, eran demasiados riesgos. Sin embargo, el artículo que tenía frente a ella planteaba una idea que hasta entonces nunca consideró: todos trabajamos para nosotros mismos.

Getty argumenta que sólo el 3% de las personas se consideran a sí mismas como sus propios jefes. Sin importar si trabajan de manera independiente o se desempeñan como empleados en una empresa, ellas se comportan como si trabajaran para ellas mismas en su propia compañía. De acuerdo con él, el error más grande que solemos cometer es pensar que no trabajamos para nosotros mismos, y propone que sólo cuando nos vemos como empresarios independientes, desarrollamos la mentalidad de la persona altamente autónoma, responsable de sus acciones, capaz de empezar su propia empresa; el tipo de persona que hace que las cosas ocurran en lugar de esperar a que sucedan, que se ve como el jefe de su propia vida y acepta la responsabilidad por su salud física, su bienestar financiero, su carrera, sus relaciones y su hogar.

El artículo enfatiza que todo aquel que trabaje para cualquier entidad, debe pensar en sí mismo, no como un empleado de dicha organización, sino como un empresario o empresaria cuyo cliente principal, en ese momento, es su actual empleador, y advierte sobre el peligro de creer que, porque se cuenta con un empleo, el futuro financiero está asegurado.

"Entréguese a la excelencia —exhorta Getty—. Tome la decisión de ser el mejor en su campo. Propóngase estar entre el 10% de las personas más exitosas en su área de trabajo, sea la que sea. Recuerde que su vida sólo mejora cuando usted mejora. Todos los que hoy están en el 10% superior seguramente empezaron en el 10% inferior. Su éxito fue el resultado de aprender, practicar y perseverar.

Quienes aceptan la responsabilidad absoluta por sus acciones viven orientados hacia el logro de resultados específicos; desarrollan un alto nivel de iniciativa y siempre buscan encargarse del mayor número de tareas. Como resultado de ello, se vuelven las personas más valiosas en sus organizaciones. Continuamente se preparan para ocupar puestos de mayor autoridad y responsabilidad en el futuro. Desarrollan una actitud de búsqueda constante de aquellas oportunidades que puedan brindarles una mayor seguridad financiera.

Pregúntese qué habilidad, si lograra desarrollarla y realizarla de forma excelente, tendría mayor impacto en su vida —propone el artículo—, y tome la decisión de desarrollarla al máximo. No se puede ser bueno en algo de la noche a la mañana, así que fíjese un objetivo claro al respecto. Escríbalo. Desarrolle un plan de acción y trabaje en esa área cada día. Esta decisión es vital para su éxito profesional".

Después de leer esto, Raquel escribió en su agenda: "Mi objetivo debe ser mantenerme siempre entre el 10% de las personas más exitosas en mi profesión, sin sacrificar ninguna de las otras áreas de mi vida".

La pregunta es, ¿cómo lograrlo? Pese a trabajar en el departamento de Recursos Humanos de la empresa y estar al frente de muchos de los programas de capacitación y entrenamiento para los nuevos empleados y jóvenes ejecutivos, inconscientemente, ella ha descuidado su propia capacitación.

Es algo que ella ve con frecuencia en muchos profesionales que cometen el error de pensar que ya han llegado a la cima, que ya han aprendido todo lo que necesitan saber. Terminan sus estudios universitarios y se olvidan de esta faceta de su vida. No creen necesitar ningún otro tipo de educación profesional, no se preocupan por mantenerse al tanto de los últimos adelantos en sus profesiones y, como consecuencia, en pocos años sus conocimientos son obsoletos y pierden la capacidad para competir con las nuevas generaciones de profesionales.

Le incomoda haber caído en esa misma trampa ya que ella sabe que una de las características más comunes de las personas de éxito es que siempre están alertas a aprender cosas nuevas y mantenerse al día en sus conocimientos profesionales. Sabe que si desea salir de esa trampa, una de sus primeros objetivos debe ser el de establecer un programa de educación y actualización profesional personal, de manera que pueda estar siempre al tanto de cuanto acontezca en su campo.

El siguiente documento en el sobre de Raquel comienza con la pregunta: "¿Estás avanzando o retrocediendo en tu actual trabajo?", y contiene una serie de interrogantes que ella debe responder sobre su ocupación presente. Cuestiones que conoce muy bien ya que su trabajo le ha permitido descubrir que una de las mayores fuentes de estrés para muchos empleados es la incertidumbre sobre si sus esfuerzos están siendo notados por la empresa o están pasando desapercibidos.

El objetivo del cuestionario que ahora tiene frente a ella, es determinar si la persona está en camino a ser ascendida o si está pasando inadvertida en su empresa, examinando dos aspectos: la situación de la empresa dentro del mercado y la situación de la persona dentro de la empresa.

Por cada respuesta positiva a cada una de las preguntas, Raquel debe adicionar el puntaje correspondiente y al final sumar el total obtenido. El puntaje acumulado le permitirá establecer si las condiciones son propicias para un ascenso, si está en la empresa correcta o si debe buscar otros horizontes.

Primera parte: ¿Dónde se encuentra profesionalmente?

1. ¿Está triunfando su empresa? ¿Está produciendo buenos resultados financieros, capturando un mayor sector del mercado, empleando nuevas personas, o ascendiendo a otros ejecutivos? SÍ — NO (10 puntos)

2. ¿Está involucrado en proyectos importantes que sacan a relucir sus cualidades y habilidades? ¿Lo motiva su empresa a aprender nuevas destrezas para aumentar sus capacidades profesionales? SÍ — NO (10 puntos)

3. ¿Es conocido en la empresa? ¿Es estimado por sus superiores? ¿Se lleva bien con sus compañeros de trabajo? SÍ — NO (10 puntos)

4. ¿Es su opinión frecuentemente solicitada en la empresa? ¿Le piden participar en reuniones importantes en su trabajo? ¿Es consultado acerca de asuntos en los

cuales no necesariamente está directamente involucrado? SÍ — NO (5 puntos)

5. ¿Posee los conocimientos y habilidades necesarios para ascender en la empresa? ¿Estaría preparado para aceptar ya mismo el ascenso a la siguiente posición en su empresa, sin necesidad de tener que adquirir ningún entrenamiento extra? SÍ — NO (5 puntos)

6. ¿Cuál es la percepción general sobre su trabajo? ¿Escucha de otras personas comentarios favorables sobre su desempeño en la empresa? SÍ — NO (5 puntos)

7. ¿Ha preparado a la persona que podría reemplazarlo si fuera ascendido? ¿Si fuese promovido hoy mismo, hay una persona que pueda tomar su cargo inmediatamente? SÍ — NO (5 puntos)

- Si ha sumado más de 40 puntos, las posibilidades de un próximo ascenso son excelentes.
- De 25 a 39, no está fuera de la contienda, pero no es la primera opción. Necesita trabajar mucho más en algunos de estos aspectos.
- Menos de 25, pase a la siguiente parte del cuestionario.

Segunda Parte: ¿Es hora de buscar otras sendas?

1. ¿Ha parado de aprender? ¿Encuentra que no logra dar con oportunidades que le permitan ampliar sus experiencias o adquirir nuevas habilidades? SÍ — NO (10 puntos)

2. ¿Ha perdido estatus en el trabajo? ¿Tiene su opinión cada vez menos trascendencia y cuenta con menos libertad de actuar que en el pasado? SÍ — NO (10 puntos)

3. ¿Está declinando su empresa? ¿Ha decrecido su participación en el mercado? ¿Ha caído el valor de sus acciones? ¿Ha decaído la opinión que los empleados tienen de ella? ¿Es percibida pobremente por el sector financiero del país? SÍ — NO (10 puntos)

4. ¿Se vislumbran oportunidades en el horizonte? ¿Ha sufrido su compañía grandes transformaciones? ¿Ha habido algún tipo de reorganización interna? ¿Han venido nuevos ejecutivos de fuera? SÍ — NO (5 puntos)

5. ¿Poco a poco ha sido marginado del círculo de influencia? ¿Siente como que es el último en enterarse de lo que está sucediendo en la empresa? SÍ — NO (5 puntos)

6. ¿Le cuesta ir a su sitio de trabajo? ¿Ha comenzado a notar una extraña ansiedad y estrés recurrente los domingos de noche? ¿Han cambiado sus hábitos alimenticios y experimentado desórdenes con el sueño? ¿Comentan sus familiares o amigos que de un tiempo acá parece más cansado y deprimido? SÍ — NO (5 puntos)

7. ¿Se ha congelado su salario? ¿Los aumentos han cesado o están disminuyendo peligrosamente? SÍ — NO (5 puntos)

- Si su puntaje es 40 o más, cierre este libro inmediatamente y comience a buscar nuevas oportunidades de trabajo en otro lado. Quizás sea hora de pensar en otra industria o en la posibilidad de empezar su propio negocio.
- De 25 a 39, empiece a sondear otros terrenos con colegas y amigos.
- Menos de 25, su situación puede mejorar. Necesita trabajar en globalizar su experiencia y de todas maneras manténgase abierto a otras oportunidades.

Si los resultados de la evaluación anterior hicieron pensar a Raquel en su situación dentro de la empresa, el siguiente documento que leyó la hizo cuestionarse acerca de un aspecto sobre el que creía tener poco control. Empezaba con una pregunta muy intrigante: ¿Cuánto dinero deseas ganar este año?

No tenía la respuesta a una pregunta tan simple. No lo había pensado, ni cree que en esta materia su opinión tenga algún peso. Su salario es el que es, le guste o no. Después del último aumento, su jefe le informó que no debía esperar nuevos aumentos en los próximos dos años. Al igual que la mayoría de sus amigos, Raquel nunca ha sentido que le estén pagando lo que ella verdaderamente vale, y cuando habla del tema con sus colegas, dos cosas quedan claras: todos se sienten igual, y aún así, la mayoría de ellos no está haciendo nada al respecto. Piensan que no hay nada que puedan hacer y se han resignado a su suerte.

El siguiente ejercicio cambió radicalmente la manera como ella valora su tiempo. Lo primero que descubrió al finalizarlo fue que su adicción al trabajo ha terminado por convertirse en un desperdicio de su tiempo en actividades de poca importancia, mientras lo primordial usualmente se queda sin hacer.

El ejercicio parte de la premisa que los ingresos que cada persona devenga van en proporción al valor que su trabajo agrega a la Economía, y que es ésta la que determina cuál es la retribución apropiada por sus servicios, experiencia y conocimiento, y establece que ciertas personas, de acuerdo con su trabajo, ganen cinco dólares por hora y otras un millón de dólares al año. No sólo eso, sino que plantea que las dos se encuentran justo donde desean encontrarse ya que cada individuo, consciente o inconscientemente, no sólo se encarga de poner un precio a su trabajo, sino que es como si llevase una etiqueta invisible colgada al cuello en la cual le comunica al mercado cuales son sus expectativas salariales.

¿Cuánto vale una hora de su tiempo? —Es la primera pregunta— ¿Diez, veinte, cincuenta dólares? La persona que devenga quinientos dólares semanales se ve así misma generando dicha cantidad y no se ve ganando más de esa cifra. Es posible que desee una mejor remuneración por su trabajo, pero su visión interna acerca de sí misma es la de alguien que sólo produce quinientos dólares a la semana. Lo mismo ocurre con quien recibe diez mil dólares semanales. Este individuo ha determinado que ese es el monto que desea generar; se ha preparado para hacerlo; se visualiza recibiendo esa cantidad. Espera obtenerla, y por lo tanto, su etiqueta invisible lleva ese valor.

Todos tenemos la posibilidad de determinar nuestros ingresos; tanto empresarios, como vendedores que trabajan con base en comisiones, o empleados que determinan los ingresos que desean generar al ejercitar su libertad de decidir dónde y en qué trabajan, y cómo invierten su tiempo. Lo triste es que ante esta gran opción que todos tenemos, tantas personas opten por devengar entradas que no les permitan tener el estilo de vida del cual quisieran gozar.

Recuerda que la elección sobre nuestros ingresos no es de nuestro jefe, del mercado o de la economía reinante: es nuestra. Y es una elección que siempre deberíamos tomar con base en las metas y objetivos que deseamos lograr, no con base en lo que creemos que nuestros clientes deberían pagar o basados en los estándares que estén operando en el mercado.

Para determinar el valor correcto por una hora de nuestro tiempo el ejercicio sugiere como punto de partida el más lógico de todos: determinar cuánto dinero deseamos estar ganando.

Raquel utiliza la cantidad de sesenta mil dólares al año. Sin embargo, la siguiente pregunta, le plantea un interrogante que no está segura de saber cómo sortear, ya que le pide determinar el volumen de ventas de su respectivo producto o servicio que deberá generar para producir esos sesenta mil dólares. Si sus ingresos –salario base, comisiones y bonificaciones– equivalen a un 20% del volumen total de ventas que realiza, quiere decir que para ganar sesenta mil dólares anuales, deberá generar un total de trescientos mil dólares en ventas.

El concepto es simple, el problema es que ella no trabaja en ventas y no genera ingresos con base en comisiones, sino que tiene un salario fijo. Piensa en el dilema en que se encuentra pero no logra ver cuál pueda ser la solución. Su primera reacción es asumir que el ejercicio ha sido desarrollado sólo para profesionales en el campo de las ventas.

¿Qué hacer? ¡Mark!

—Hola Mark. Soy Raquel, sé que es un poco tarde pero he encontrado un obstáculo con uno de los ejercicios y no sé cómo sortearlo —temerosa que su costumbre de trabajar hasta altas horas de la noche pudiera molestarlo.

—Descuida, no espero dormir mucho en estos tres días. ¿En qué área te tocó trabajar?

—El ser profesional.

—Déjame adivinar. ¿No sabes cómo calcular el valor de una hora de tu tiempo cuando no trabajas en ventas, correcto?

—Ya veo que no es la primera vez que escuchas esta pregunta —sintiéndose más tranquila al saber que no era la única que se había tropezado con ese dilema.

—Es simple Raquel. Si lo piensas con detenimiento, te darás cuenta que todos somos vendedores; todos intercambiamos nuestros conocimientos, destrezas y trabajo por su equivalente en dinero.

—Pero no todos cobramos comisiones por ello, o se nos paga por hora, sino que recibimos un salario fijo.

—¡Te equivocas! Así seas médico, profesor, vendedor de seguros, mecánico, o gerente de Recursos Humanos, todos vendemos nuestro trabajo, experiencia y habilidades y recibimos un pago en dinero por ello. Indudablemente, la hora de trabajo de un médico es, generalmente, mejor paga que la de un mecánico. Digo generalmente porque estoy seguro que algunos mecánicos especializados devengan mucho más que algunos médicos generales. ¿Ves? No es el título, es el valor que cada uno de ellos agrega al mercado, pero no te quepa la menor duda, a los dos les pagan por hora. Y ese pago depende de muchos factores, no sólo de su educación o experiencia, sino de la demanda que exista por sus servicios y de qué tan bien hayan sabido vender esos servicios. No todos los médicos ganan lo mismo.

—Ni todos los gerentes de Recursos Humanos...

—¿Sabes por qué?

—Bueno, eso depende de la empresa, el tamaño del equipo a su cargo o la experiencia que una tenga.

—No necesariamente. Depende de lo que ellas desean ganar. Por eso el ejercicio no nos pide comenzar con lo que obtenemos actualmente, sino con lo que queremos estar ganando. Porque si al final determinas que de acuerdo a tus metas y objetivos personales lo que deseas ganar equivale a cincuenta dólares la hora, pero en tu trabajo actual sólo ganas veinte, eso quiere decir que tienes una decisión que tomar, ¿no es cierto?

—Ya veo: la persona que no toma el tiempo para determinar cuánto vale una hora de su tiempo, basada en sus metas personales, debe resignarse con recibir lo que su empleador determine, basado es sus propias metas.

Es tan sencillo que me apena no haberlo visto antes, pensó ella mientras colgaba el teléfono y se disponía a continuar el ejercicio, aunque cambiando la cantidad inicial a ochenta mil dólares.

A continuación tomó esa cantidad y la dividió por el número de meses y semanas que trabaja durante el año, de manera que pudiera determinar sus metas mensuales y semanales y luego dividió esta última cantidad por el número de horas que trabaja cada semana para encontrar el valor de una hora de su tiempo. De esa manera los ochenta mil dólares equivalen a \$6.670 mensuales y \$1.600 semanales, mientras que una hora de su trabajo tiene un valor de \$40 dólares.

De acuerdo al ejercicio, lo importante de entender es que este valor de \$40 dólares la hora es el resultado de una decisión personal sobre los ingresos anuales que Raquel desea generar. No la ha escogido de manera arbitraria, ni basada en estándares preestablecidos por el mercado, sino apoyada en sus circunstancias y expectativas propias.

Raquel piensa en el gran valor de esta información. El sólo hecho de saber cuánto vale una hora de su tiempo, con base en sus metas financieras, le permitirá valorar mejor su tiempo, y le ayudará a tomar decisiones mucho más acertadas en cuanto a cómo invertirlo.

Desde este preciso momento, mientras estuviera en su trabajo, sería mucho más selectiva en cuanto a las actividades en las cuales empleaba su tiempo. Delegaría más, y se rehusaría a hacer cualquier cosa que no creyera que generara $40 dólares por hora. Identificaría en su trabajo aquellas actividades que en verdad afectan su productividad y que, de ser ejecutadas debidamente, podrían aumentar sus ingresos. De igual manera, evitaría realizar todas aquellas actividades de bajo costo y poca prioridad, que saturan su día y le dejan poco tiempo para lo verdaderamente importante.

Es claro que de concentrarse durante todo el día de trabajo en llevar a cabo sólo lo que, dada su importancia, le representa ingresos de $40 dólares por hora, sus ingresos cambiarán. Cuando examina la siguiente hoja en el sobre, se da cuenta que ese es precisamente el objetivo del plan de acción que allí se plantea. Después deberá identificar sus diez metas profesionales más importantes, y en un estilo que sólo Mark podía haber planeado, la última hoja contiene una serie de afirmaciones positivas que debe hacer parte de su discurso interior.

Sin duda —pensó ella— este taller puede ser el comienzo de una nueva etapa en mi vida. Falta ver a qué conclusiones han llegado los demás.

Plan de Acción:

1. ¿Cuál es la siguiente meta que desea alcanzar como parte de su formación profesional? Sea específico:

acquire abilities and habits to reach a point of leading by example

2. Enumere cinco actividades que hoy no realiza (o por lo menos, no lo suficiente), que puede incorporar entre sus nuevos hábitos de éxito, para garantizar su continuo crecimiento profesional. Sea específico:

a. Escribir metas (longterm)

b. Daily Objectives (shortterm)

c. Learn my products fully

d. Practice public speakin (live)

e. Take matters into my hands

3. ¿Dedica suficiente tiempo a la planeación de sus actividades de trabajo, dando prioridad a aquello de mayor importancia? Si la respuesta es no, ¿cómo piensa corregirlo?

No. Set my goals toward my profesion, leave everythings else last as a reward

10,000

4. ¿Cuánto dinero desea devengar este año? Una vez decida la cantidad, determine cuál es el valor de una hora de su tiempo, y piense en tres acciones que realiza comúnmente en su trabajo, que ciertamente no le generan dicha cantidad, y que sí le están robando el tiempo para aquello que es realmente importante:

a. Detail oriented constantly

b. giving my best effort 100

c. Responsible of my own actions (Independent)

5. ¿Qué puede hacer para convertirse en un auténtico estudiante del éxito? ¿Mantiene una actitud positiva hacia su trabajo y hacia las personas con las cuales interactúa?

Learning how to apply what I learn. Yes

6. ¿Ha aprendido a administrar su tiempo de la manera más efectiva posible, asegurándose de dedicar suficiente tiempo a su desarrollo profesional? Si la respuesta es no, ¿qué actividades debe eliminar de su diario vivir que le están robando su tiempo?

a. Media TV

b. Social Media (Ent)

c. Too much leishure

7. ¿Está al tanto de los últimos avances e innovaciones en su profesión?

____
____
____
____
____

Mis diez metas profesionales más importantes:

	Meta	Fecha
1.	desarollar mi Emp	06/01/2020
2.	Learnto communicate message	06/30/20
3.	Organiz/plan finance	06/01/20
4.		
5.		
6.		
7.		
8.		
9.		
10.		

Afirmaciones de Éxito

1. Soy un profesional exitoso, y se puede apreciar en todas y cada una de mis acciones. Mi éxito es el resultado de mi compromiso para con la excelencia en todas las áreas de mi vida.

2. Disfruto de buscar y aprovechar las oportunidades que la vida me ofrece. Todo cambio en mi trabajo o profesión es una oportunidad de crecer y expandir mis horizontes. Estoy claro en lo que deseo y me siento confiado y en control.

3. Estoy totalmente comprometido con la realización de las metas y objetivos que me he propuesto. No el 50%, ni el 99%, sino el 100% comprometido con la realización de mis metas y objetivos profesionales.

4. Soy un triunfador. Tomo mis propias decisiones, fijo mis propias metas, determino la velocidad y dirección de mi andar sin esperar a que otros tomen estas decisiones por mí.

5. Soy un ser humano excepcional. Fui destinado para grandes cosas. El éxito es parte intrínseca de mi ser y es parte de todo lo que yo hago.

6. Si tuve dudas acerca de mis aptitudes en el pasado, estas dudas ya no existen. Hoy es un gran día para deshacerme de todas las incertidumbres que en el pasado no me permitieron avanzar.

7. Me aseguro que mis seres queridos entiendan mis objetivos, deseos y compromiso para con mi desarrollo y crecimiento profesional.

CAPÍTULO

4

EL ÁREA INTELECTUAL

Aunque hubiese preferido las finanzas o las metas profesionales —temas que considera de gran importancia en ese momento de su vida— cuando Sebastián abre el sobre que le ha sido asignado, el tema le arranca una sonrisa: el ser intelectual.

En su juventud llegó a interesarse mucho en el tema de la autosuperación y el desarrollo personal, pero la universidad pronto consumió todo su tiempo. Las lecturas de crecimiento personal pasaron a un segundo plano y pronto fueron relegadas por completo. Sólo después de haber terminado sus estudios volvió a interesarse en el tema. En el último semestre de su carrera, uno de sus profesores presentó los resultados de un estudio realizado por la Universidad de Harvard y el Instituto de Investigaciones de Stanford, en el que se afirma que sólo el 15% de las razones por las cuales una persona sale adelante en su campo y triunfa personal y profesionalmente, es el resultado de sus habilidades técnicas y de sus conocimientos profesionales, mientras que el 85% restante tiene que ver con su actitud, su nivel de motivación y su capacidad para desarrollar relaciones positivas con las demás personas.

Sin embargo, Sebastián no recordaba haber tomado nunca una sola clase que hiciera énfasis en alguno de estos aspectos. Le parecía absurdo que precisamente las áreas que más influían en su éxito, estuviesen siendo totalmente ignoradas en la universidad. Así que decidió retomar las lecturas de su juventud: Mandino, Hill, Peale, Emerson, Carnegie, y al escribir su tesis de grado, optó por dedicar parte de ella a la importancia de desarrollar los diferentes aspectos de la inteligencia del ser humano —una idea que ya había desarrollado ampliamente el Dr. Howard Gardner en su teoría sobre las inteligencias múltiples.

En su tesis, Sebastián decidió enfocarse en la evaluación de la inteligencia desde una óptica mucho más amplia, prestando atención no sólo a la inteligencia lógico-matemática exhibida por los científicos y los ingenieros, como era su caso, sino a otros tipos de inteligencia, como la lingüística, que se enfoca en el uso del lenguaje, en la lectura y en la comunicación verbal; la inteligencia viso-espacial, involucrada en la creación de imágenes mentales, muy desarrollada en pintores, escultores y arquitectos; la naturalista, que destaca la habilidad del hombre para relacionase con la naturaleza y trabajar en beneficio de ella. También se encuentra la inteligencia físico-kinestética altamente desarrollada tanto en deportistas como en bailarines; la musical, que abarca la habilidad para apreciar ritmos y melodías, componer música, cantar o tocar un instrumento musical; la inteligencia interpersonal, que se enfoca en la destreza para trabajar e interactuar con otras personas, y comprender sus emociones y estados de ánimo, y la intrapersonal que no es más que la capacidad de autoanálisis y entendimiento de los propios sentimientos y emociones mediante la reflexión.

Durante este proceso él descubrió que todos poseemos no una, sino varias o posiblemente todas estas inteligencias, y que lo único que debemos hacer para desarrollarlas es aceptar que las poseemos, actuar sabiendo que contamos con ellas y preocuparnos por su desarrollo continuo. Y este último punto era el más importante. Sebastián encontró que en su teoría sobre la motivación humana, Abraham Maslow se refiere a esta necesidad de autosuperación como a la más alta de las motivaciones humanas. Maslow lo explica de esta manera: "Es fundamental para el pintor seguir pintando; para el escritor continuar escribiendo; y para cualquier profesional actualizar y expandir sus conocimientos".

Es evidente —concluye en la medida en que lee esos primeros párrafos de aquellos papeles que extrae del sobre— que el mayor interés del ser intelectual es precisamente el desarrollar todos los aspectos que eleven y expandan nuestro intelecto. Cuando Maslow habla de la autosuperación se refiere al uso total de los talentos, capacidades y potencial que ya existen dentro de cada individuo. En otras palabras, cuando crecemos intelectualmente y logramos autosuperarnos, no estamos adquiriendo algo que antes no poseíamos. Lo que en verdad está sucediendo, es que estamos empezando a usar el potencial que ya se encontraba en nuestro interior y que hasta entonces reposaba en nuestro subconsciente sin ser utilizado.

"...Tenemos a nuestra disposición la máquina más poderosa que existe en el universo —continúa leyendo—. Nuestro cerebro, cuna de la mente consciente y subconsciente, posee un potencial ilimitado de aptitudes y capacidades que podemos desarrollar. Tenemos la opción de colmarlo de posibilidades, metas y sueños, o de dudas, miedos irracionales y falsas creencias acerca de nuestro verdadero potencial.

Estas tres libras de materia gris que contienen 100 billones de neuronas, capaces de guardar más de 10 trillones de bites de información, pueden ser nuestro mejor aliado o nuestro peor enemigo. Nos proveen un poder extraordinario o sabotean nuestro éxito, dependiendo de si aceptamos o no la responsabilidad de cuidarlo y fortalecerlo de la misma manera que lo hacemos con nuestro cuerpo. Es claro que cuando se dejan de ejercitar los músculos, estos comienzan a atrofiarse y a perder su flexibilidad y su fuerza. De igual manera, la mente se atrofia y se endurece si no es ejercitada frecuentemente. Lo importante es identificar diversas actividades que estimulen el desarrollo de nuestro intelecto".

El sobre contiene una lista de algunas de estas actividades que le permitirán determinar qué tanta atención le está prestando a esta área. Sebastián resuelve llevar a cabo esta autoevaluación. Los resultados le sorprenderían. La lista decía:

Con qué frecuencia realizo las siguientes actividades:

- Leo parte de un buen libro todos los días.
- Tengo interés en otras áreas profesionales fuera de la mía.
- Soy miembro de una asociación profesional en la cual participo activamente.
- Durante el último año he visitado por lo menos dos museos o galerías de arte.
- Dedico cierto tiempo semanalmente a hobbies como la pintura o la escritura o la música.
- Visito bibliotecas y librerías con cierta regularidad.
- He asistido a una función de ópera, teatro, ballet, o a un concierto durante el último año.

- Ocasionalmente participo en cursos de crecimiento personal y profesional.
- Durante el último año he visitado varios sitios históricos en mi país o fuera de él.
- Suelo meditar o ponderar con frecuencia acerca de mi misión personal y mis planes para el futuro.
- He escrito un artículo, ensayo, historia, poesía o cuento.
- Suelo estar alerta acerca de cualquier tipo de eventos culturales en mi ciudad o comunidad.
- He participado en obras de teatro o grupos musicales durante el último año.
- Suelo resolver crucigramas, o ejercitarme en otra clase de juegos mentales.
- Leo revistas de carácter científico, literario, cultural o empresarial.

Al final, la autoevaluación requiere sumar un punto por cada actividad a la cual Sebastián había respondido de manera afirmativa y consultar la siguiente tabla:

- Si ha sumado menos de 5 puntos, tiene su área de crecimiento intelectual muy descuidada. Mire algunos de los puntos que no marcó y determine cuál de estas actividades puede incluir en sus planes para los próximos meses.
- De 6 a 10, está muy bien, pero quizás necesita incorporar nuevas alternativas a su área de crecimiento intelectual. No tema aventurarse en distintos campos, es posible que encuentre gratas sorpresas.
- Más de 10, continúe como va. Es hora de compartir su amor por las artes y el crecimiento personal con otros.

Los cuatro puntos que obtiene en este ejercicio son una clara indicación de que, pese a que es un área que considera importante, sus acciones no lo demuestran. Es claro que debe hacer ciertos cambios en su vida, para dar cabida a aquellas actividades que le ayuden a crecer intelectualmente y a agudizar el poder de esa increíble máquina que tiene a su disposición.

El siguiente documento que Sebastián saca del sobre, plantea cinco ideas para responder a sus necesidades de crecimiento personal e intelectual, y contiene un plan de acción para identificar actividades en esta área, que él pueda llevar a cabo de manera inmediata.

1. Invertir en su desarrollo personal

Toda persona debería invertir por lo menos un 3% de sus ingresos en su desarrollo personal y profesional —libros, revistas, audiolibros, seminarios de actualización, cursos en línea—. Bien decía Benjamin Franklin: "Desocupe su bolsa en su mente y su mente se encargará de llenar su bolsa". La persona que no está dispuesta a invertir en sí misma, está negociando el precio del éxito, pese a que éste no es negociable. La inversión en su desarrollo personal no sólo es un hábito que debe adquirir, sino que debe ser parte fundamental de su plan de éxito.

2. Leer treinta minutos diarios en su campo de interés profesional

Un factor importante y fundamental para lograr sus metas, es adquirir el hábito de la lectura. Los grandes triunfadores han sido, en su gran mayoría, grandes lectores. El leer una hora diaria significa leer un libro entero en dos semanas, o veinticinco libros al año; libros que le pueden ayudar a mejorar en su profesión, a aprender nuevas destrezas o a expandir su potencial. Franklin fue un gran ejemplo de la persona cuyo éxito ha sido el resultado, por lo menos en parte, de su amor por la lectura.

Este gran hombre, reconocido por ser uno de los promotores de la independencia de los Estados Unidos, por sus trabajos científicos, sus inventos y su insaciable labor periodística y editorial, era un ávido lector. La mitad del dinero que ganaba, la utilizaba en comprar libros para continuar cultivando este hábito. Fue autodidacta en el aprendizaje de la Gramática, y su dominio de la Literatura continuo creciendo día a día. Su amor por el lenguaje nunca terminó. En su autobiografía cuenta cómo a los 63 años comenzó a estudiar idiomas, llegando a dominar el francés, el italiano, el latín y el español, el cual logró aprender con la suficiente fluidez como para poder leer libros enteros con una gran facilidad.

Así que lea; lea buenos libros, libros de autores que han triunfado en el campo sobre el cual han escrito, y no simplemente escritos teóricos. Y no lea pasivamente, digiera las ideas, tome notas en las márgenes del libro, personalícelo y luego ponga en práctica los conceptos aprendidos. Recuerde que el verdadero valor de un libro está en lo que haga con la información en él contenida. Muchas personas leen libros con temor de arrugar las páginas sin saber que un libro bien leído es aquel que ha sido devorado.

3. Escuchar audiolibros

El escuchar programas de desarrollo personal y profesional en su automóvil o mientras realiza otras actividades, es una de las maneras más eficientes de emplear su tiempo. Piense que si vive a una hora de su trabajo, eso equivale a quinientas horas al año que pasará detrás del volante o en un autobús; eso es tres meses de trabajo, contando semanas de 40 horas; tiempo que puede dedicar al estudio de una nueva habilidad, al aprendizaje de un nuevo idioma, al desarrollo de sus capacidades, todo mientras se desplaza entre la casa y el trabajo.

Imagínese que tuviera a su disposición un audiolibro que ha sido el resultado de cinco o diez años de investigación, y trabajo por parte de su autor, y adicionara toda esa información y experiencia a su arsenal en tan sólo unos días. Eso es lo que logra al escuchar un audiolibro utilizando tiempo que de otra manera suele ser poco productivo.

4. Tomar cursos por Internet

El Internet ha permitido el desarrollo de toda una serie de proyectos de Educación en línea que han facilitado el proceso de aprendizaje de cualquier habilidad. Tiene acceso a cursos de desarrollo personal y profesional en toda área imaginable, puede aprender un nuevo idioma, o cursar toda una carrera universitaria sin tener que dejar su casa, en las horas que escoja.

5. Asistir a seminarios y conferencias que contribuyan a su desarrollo personal y profesional

Uno de los errores más comunes que cometen muchas personas es creer que existe un tiempo para aprender y otro para aplicar lo aprendido. Esto los lleva a creer que el aprendizaje cesa en el momento en que termina la escuela o la universidad. La persona exitosa sabe que el estudiar y aprender es algo que nunca termina, no cree saberlo todo y siempre está a la búsqueda de nueva información y conocimiento.

Esta actitud ha cobrado tal importancia, que basta con examinar cualquier periódico, cualquier día de la semana, para descubrir el sinnúmero de seminarios y talleres de actualización profesional y desarrollo personal que se ofrecen todo día en todas partes del mundo. Estos eventos cumplen varias funciones: nos informan acerca de los últimos avances en nuestro campo de acción y nos instruyen sobre temas que no siempre son tratados en las instituciones educativas, pero que tienen gran influencia en nuestro éxito personal y profesional.

Estas actividades, leer libros y revistas sobre su campo de acción, escuchar audiolibros que contribuyan a su crecimiento personal, utilizar Internet para aprender nuevas destrezas y asistir a seminarios de actualización profesional, deben formar parte de sus metas profesionales e intelectuales.

Plan de Acción:

¿Busca constantemente oportunidades que estimulen su crecimiento intelectual? Si la respuesta es no, ¿qué hará al respecto?

____

____

____

____

Escriba cinco actividades que hoy no realiza (o por lo menos, no lo suficiente), que incorporará a su diario vivir para expandir su crecimiento intelectual. Sea lo suficientemente específico:

a. Leer la biblia

b. Listen to audiobooks

c. Learn a new language

d. Teach

e. research more

¿Lee lo suficiente? Escriba a continuación una lista de los próximos tres libros que leerá y comience comprando el primero de ellos.

a. ____________________________________

b. ____________________________________

c. ____________________________________

d. ____________________________________

¿Qué hará para convertirse en un verdadero estudiante del éxito?

Volverme consistente y determinado to Learn everything I can possibly learn/apply

¿Refleja su modo de vida actual las verdaderas aspiraciones que posees en el área intelectual? Si la respuesta es no, ¿qué actividades debe eliminar para llevar una vida de mayor correspondencia con sus valores intelectuales?

a. Less Social media

b. Too much mainstream [illegible]

c. __________

¿Busca asociarse con personas que estimulen su crecimiento interior, y de las cuales pueda aprender? Si la respuesta es no, necesita planear tres actividades específicas que le permitan asociarse con este tipo de personas:

a. __________

b. __________

c. __________

¿Disfruta del reto que representa aventurarse en campos desconocidos que exijan capacidades distintas a las que usualmente utiliza? Enumere las cinco actividades que verdaderamente le han retado intelectualmente durante el último año:

a. Public Speaking

b. Problem solving my own situations

c. ______

d. ______

e. ______

Mis diez metas intelectuales más importantes:

Meta	Fecha
1. ______________________	/ ____________
2. ______________________	/ ____________
3. ______________________	/ ____________
4. ______________________	/ ____________
5. ______________________	/ ____________
6. ______________________	/ ____________
7. ______________________	/ ____________
8. ______________________	/ ____________
9. ______________________	/ ____________
10. ______________________	/ ____________

Afirmaciones de Éxito

1. Sé que la grandeza comienza en la mente de las personas grandes. Sé que aquello que creo acerca de mí mismo, forja la persona en la cual me convertiré. Por tal razón, siempre creo lo mejor acerca de mí, y espero lo mejor de mí.

2. Siempre que observo algo en mí que deseo cambiar, o cada vez que veo algo que deseo alcanzar, lo escribo en palabras claras, fijo una meta para conseguirlo, y tomo acción inmediata.

3. Soy poseedor de grandes cualidades; tengo muchos talentos, destrezas y habilidades. Cada día descubro nuevas aptitudes dentro de mí. Soy inteligente, creativo, mi mente es rápida, alerta y vivaz.

4. Sólo doy albergue a buenos pensamientos. Mi mente siempre se encarga de mostrarme el camino correcto. Estoy alerta a todas las oportunidades que despierten en mí nuevos e inexplorados talentos y habilidades.

5. Uso bien mi mente. Mantengo mis capacidades mentales en óptimas condiciones, y cada día busco la manera de mejorar y agudizar cada una de ellas.

6. Poseo una excelente memoria. Ella es mi mejor aliada en recordar y programar los hábitos de éxito que me permitirán alcanzar todas y cada una de mis metas.

7. Nunca he creído que la creatividad haya sido reservada para unos pocos. La creatividad es parte de la capacidad mental de todos los seres humanos. Por esta razón, he decidido desarrollar al máximo mi capacidad creativa.

CAPÍTULO

5

EL ÁREA ESPIRITUAL

¿Me estás queriendo decir que vas a tener que fijar metas sobre cuantas veces irás a la iglesia cada mes? —el tono un tanto sarcástico en que efectuó la pregunta inmediatamente puso a Sara a la defensiva.

—Supuse que dirías algo así. Por supuesto que no se trata de eso, ni de cuanto dinero debo ofrendar, ni nada por el estilo —Era la misma actitud apática que siempre mostraba hacia cualquier tema espiritual que ella tocara. Ama a su esposo, pero hay cuestiones sobre las cuales prefiere no hablar porque invariablemente acaban en absurdas discusiones que no llevan a ningún lado.

—Pensé que se trataba de un taller de desarrollo profesional, ¿qué hacen hablando de... —alargó la mano y tomó el papel que Sara había sacado del sobre y reposaba ahora sobre la cama y leyó— tu "ser espiritual"?

—Creo que lo que el taller verdaderamente persigue es mostrarnos la necesidad de llevar una vida balanceada—

mantiene la calma tratando de redireccionar la conversación—. A cada uno de nosotros se nos dio un sobre al azar que representa un área de la vida sobre la cual debemos hacer una pequeña presentación; a alguien más le tocó el área financiera, a otro la profesional y así sucesivamente. A mí me tocó el área espiritual.

—Te cayó como anillo al dedo... —murmuró e inmediatamente supo que había ido demasiado lejos con su agrio comentario.

—Tonta yo, imaginar que tú, el que no cree en nada ni en nadie, se pudiera interesar en ayudarme con esto— se apresura a recoger los papeles y se dispone a continuar con el ejercicio en la sala del pequeño apartamento.

Unos minutos después de haberse instalado en el sofá, esparciendo sobre la mesa de centro los papales que venían en el sobre, Michael hizo su aparición con la misma pose conciliadora que lucía cuando sabía que se había excedido con sus sarcasmos y críticas. Antes que ella pudiera decir nada, él se adelantó:

—Fue una insolencia. Perdóname, y sí, quiero ayudarte con tu presentación.

El giro la toma por sorpresa y, a pesar que aún está enfadada, decide no dejar escapar la oportunidad de hablar sobre algo que es tan importante para ella. Pone su orgullo de lado y hace un gesto con la mano, invitándolo a sentarse junto a ella.

—Muy bien, si te preguntó cuáles son tus metas espirituales, ¿en qué piensas? Hablando en serio.

—¡No sé! Pienso en lo que dije anteriormente. Si me preguntas eso, yo pensaría que quieres saber si planeo ir a la iglesia todos los domingos, o cuanto dinero daré, o si voy a leer sobre algún tema espiritual o cualquier otra cosa por el estilo.

—¿Sabes en qué pienso yo? En la necesidad de tener una relación personal con Dios.

No es la primera vez que la escucha utilizar esta expresión, un concepto que él aún no logra comprender del todo. En materia espiritual, su credo es simple: vivir en paz, no hacerle mal a nadie y aplicar la sabia regla de oro de tratar a los demás como uno desea ser tratado. Los demás parecen ser ritos y solemnidades innecesarias. La suya no es una familia muy espiritual —como diría Sara—; sabe que no posee la fe profunda que caracteriza a su esposa. No tiene nada en contra de esa fe y devoción; simplemente, no es algo que sienta como una gran necesidad en su vida.

—Ya te he oído decir eso antes —su mayor interés ahora es cuidar de no herir la sensibilidad de su esposa—, tú sabes lo que pienso al respecto: si uno se preocupa de llevar bien su día, sin hacerle daño a nadie, de manera que duerma en paz cada noche, eso debería ser suficiente. No sé cuál es la necesidad de estar pensando en este "ser espiritual" todos los días —su expresión y su tono de su voz dejan entrever un interés real.

—El problema es que todos los días nos preocupamos por tantas cosas: ¿Qué tengo que hacer hoy? ¿Cómo resolveré esto o aquello en la oficina? ¿Tendré tiempo de ir al gimnasio? Y un montón de otras cosas. Además, nos preocupamos de cómo están marchando nuestras relaciones con los demás, con nuestra pareja, familiares, amigos, jefes, clientes y compañeros de trabajo, pero rara vez nos preocupamos por nuestra relación con Dios. No lo incluimos en nuestra vida diaria, no hablamos con Él, no la invitamos a que nos guíe en el logro nuestras metas, o nos deje saber si esas son las metas que deberíamos estar persiguiendo, no le pedimos que nos ayude a superar nuestras dudas y temores —Michael escucha con atención—. Creemos que podemos solucionarlo todo por nosotros mismos, lo excluimos de nuestra vida, y sólo nos acordamos de Él cuando enfrentamos una crisis que no sabemos cómo solucionar. El resto del tiempo, suponemos que si estamos triunfando en nuestra profesión, eso debe ser señal de que ya sabemos cómo arreglárnosla sin Su ayuda. ¿Viste este artículo que incluyó Mark en el sobre.

Michael toma el papel que Sara le alcanza. Una historia que ilustra el peligro de medir nuestro éxito sólo por los logros profesionales o financieros, o por la posición que hayamos alcanzado en determinado momento en nuestra vida. El argumento es simple: de poco sirven las riquezas materiales y los logros profesionales si no contamos con la paz interior, la felicidad personal, y el cariño y respeto de aquellos que nos rodean. No es un repudio de las riquezas materiales, sino más bien un llamado a no olvidar la búsqueda de la riqueza espiritual.

La historia no es más que el relato de una reunión ocurrida en 1923 en la ciudad de Chicago, donde nueve de los hombres más poderosos e influyentes del mundo se congregaron. No obstante, el énfasis del relato no está en lo que ocasionó dicha reunión o en los acuerdos a los que se llegaron. El único objetivo era pedirnos que nos formáramos una opinión de aquellos nueve hombres —admirados y envidiados debido a su posición, riqueza y poder— que, desde el punto de vista económico, tenían el mundo en sus manos y contaban con el dinero suficiente para adquirir cualquier cosa que quisieran.

Estos nueve hombres eran:

- Charles Schwab, presidente de la compañía productora de acero más grande del mundo.
- Samuel Insull, director de la mayor compañía productora de electricidad.
- Howard Hopson, cabeza de la compañía productora de gas más grande del país.
- Arthur Cutten, el mayor vendedor de trigo de los Estados Unidos.
- Richard Whitney, presidente de la bolsa de valores de Nueva York.
- Albert Fall, secretario del interior en el gobierno del presidente Harding.
- Jesse Livermore, gran inversionista de Wall Street.
- Ivar Kreuger, cabeza del monopolio más grande del mundo.
- Leon Fraser, presidente de International Settlements Bank.

— La crema de la crema —dice al terminar de leer los títulos de este grupo de empresarios y hombres de negocios—. Supongo que el artículo hablará sobre los males del dinero, ¿no?

Sin embargo, para sorpresa suya, el énfasis de la nota no es ese. De hecho, lo único que busca es mostrar la situación en la cual se encontraba este grupo de individuos veinticinco años más tarde. Michael no podía dar crédito a lo que leía:

Charles Schwab quebró y pasó los últimos cinco años de su vida sobreviviendo con dinero prestado. Samuel Insull murió en tierra extranjera, prófugo de la justicia y sin un centavo en el bolsillo. Howard Hopson murió demente. Arthur Cutten perdió su solvencia económica y murió en el extranjero. Richard Whitney había acabado de ser puesto en libertad de la prisión de Sing Sing, mientras que Albert Fall recibió un perdón presidencial para que pudiera morir en compañía de su familia y no en prisión. Los últimos tres, Jesse Livermore, Ivar Kreuger y Leon Fraser se suicidaron por diferentes razones.

—¿Está insinuando este artículo que ellos fracasaron porque no tenían una relación con Dios?

—¡No! Lo cierto es que el escrito no dice cual fue la causa del fracaso y autodestrucción de este grupo de hombres que aparentemente tenían los medios para lograr cualquier cosa que desearan. Lo que sí se puede deducir es que todo su éxito profesional y financiero no les ayudó a lograr esa paz interior de la que hablas y no les permitió llevar una vida plena y feliz. ¿Viste el pasaje al final de la historia? —Michael lee en voz alta una cita del rey Salomón tomada del libro de Proverbios que dice: "Las riquezas del rico son su ciudad fortificada, y forman un muro alto en su imaginación".

—Aún sigo sin entender qué es lo que significa esta relación personal con Dios de la cual hablas. ¿De qué se trata: de renunciar a lo material, de dedicarse uno hacer obras de caridad...? —Sara comenzó a sentir su ansiedad.

—¡No! No es renunciar a lo material, ni pensar que el dinero es malo o que está mal desear el éxito. Tampoco es creer que nuestras buenas obras son suficientes. Es darnos cuenta que necesitamos que Él entre en nuestro corazón y dirija nuestra vida. Una vez hemos hecho esto, entonces debemos asegurarnos que nuestra manera de actuar vaya de acuerdo a lo que Él espera de nosotros.

—¿Espera de nosotros? Quieres decir...

—Creo que esta frase del escritor Norman Vincent Peale nos dice parte de lo que Él espera de nosotros: "Yo creo que cuando dejemos este mundo, y nos encontremos frente a nuestro Creador, la cuestión no va a ser acerca de cuántas veces dejamos de ir a la iglesia, o si dimos suficiente limosna, o cuántas veces dijimos una mala palabra. Yo me inclino a creer que la cuestión más bien va a ser acerca de cuántas personas fueron más felices o llevaron una mejor vida como consecuencia de que sus vidas se hayan cruzado con la nuestra". Se trata de ser ejemplo de vida para otros, de manera que ellos sepan que Dios está en el centro de nuestra vida. Mira este otro artículo que viene en el sobre.

Michael lee en voz alta el escrito que relata una anécdota sobre la Madre Teresa de Calcuta, ocurrida durante uno de sus viajes a los Estados Unidos. En esa ocasión ella visitó un albergue para desamparados en la ciudad de Filadelfia. Se programó que cenara y pasara la noche en dicho albergue. Los organizadores de su visita construyeron de manera temporal un cuarto especial, con una sencilla cama donde pasara la noche. No obstante, la madre pidió que se le cediera la cama a otra persona la necesitara más, prefiriendo dormir en las mismas camas incómodas en que pasan la noche los transeúntes que frecuentan aquel albergue.

Al momento de la cena, en lugar de tomar asiento en el sitio especial preparado en su honor, Teresa de Calcuta decidió ayudar a servir la cena a las demás personas, antes de sentarse a comer.

El organizador de aquel evento, una persona de gran influencia en la comunidad, quedó profundamente conmovido con la sencillez, humildad y espíritu de servicio de la Madre Teresa. No parecía haber nada que él pudiera hacer por una persona que estaba más interesada en dar que en recibir. En un nuevo intento por mostrarle su aprecio, se acercó a ella y le dijo: "Madre, yo verdaderamente deseo ayudarla, y me gustaría que usted me permitiera atenderla. ¿Qué puedo hacer para favorecer su causa? Organizaré programas en la radio para reunir fondos para socorrer a los desamparados de su país. Le brindaré cubrimiento televisivo a sus eventos. ¿Por favor madre, dígame qué clase de ayuda necesita?"

Reconociendo las buenas intenciones de su anfitrión y la sinceridad de su ofrecimiento le respondió: "Si en verdad deseas ayudarme, esto es lo que debes hacer: encuentra a alguien que crea estar solo, que piense que su presencia poco o nada le importa al resto de la humanidad; alguien que se sienta totalmente marginado y olvidado, y crea que su vida no vale nada. Cuando lo halles, convéncelo que no es así. Déjale sentir que lo equivocado que está. Asegúrate que sabe lo valiosa que es su vida, por difíciles o precarias que sean las circunstancias que esté enfrentando".

El objetivo del relato es evidente: si en lugar de estar preocupados exclusivamente con satisfacer nuestras necesidades personales, tomamos un poco de tiempo para reflexionar sobre cómo aliviar la carga de nuestros semejantes y llenar el vacío que estén sintiendo, habrá más felicidad en el mundo y nuestra vida se enriquecería formidablemente.

—¿Sabes? —dijo Sara repasando la frase de Norman Vincent Peale que había leído al comienzo de la historia— Yo creo que a eso es a lo que se refiere esta tarea de fijar metas espirituales. Se trata de determinar qué vamos a hacer para que nuestras convicciones espirituales se manifiesten en nuestra conducta diaria, de modo que podamos influir positivamente en la vida de las personas que están a nuestro alrededor.

—No entiendo exactamente a dónde quieres llegar. ¿Estás queriendo decir que las metas que debes fijar es para medir tus buenas obras?

—No creo que se trate de medir necesariamente, sino de entender que todo ese conocimiento religioso y toda la fe del mundo son estériles si no se manifiestan en nuestra conducta diaria y nuestras relaciones con los demás. Es claro que el objetivo del "ser espiritual" es que seamos conscientes de la necesidad de mantener un balance entre nuestros logros profesionales, materiales y financieros y la parte espiritual de nuestro ser. Enseñarnos que nuestras metas no deben, ni pueden ser totalmente egocéntricas, sino que por el contrario, deben involucrar y enriquecer a otras personas —Sara sonríe al ver el interés con que Michael la escucha.

—Algo que nunca hubiese considerado —dijo él para enfatizar aún más este punto— es la idea de planear nuestra vida espiritual. Supuse que eso era algo que ocurría de manera natural. Ahora me doy cuenta que a menos que prestemos atención a esta área de nuestra vida, corremos el riesgo de que nos suceda lo mismo que al grupo aquel de empresarios que asumieron que porque sus metas profesionales y financieras estaban bien, eso quería decir que todo en su vida estaba marchando bien. Qué equivocados estaban.

Después se hizo un largo silencio. Sara parecía estar tratando de tejer una idea que le daba vueltas en la cabeza.

—¡Lo tengo! —gritó de repente con gran entusiasmo—. No son metas lo que busca el "ser espiritual", sino comportamientos y acciones específicas que confirmen nuestras creencias espirituales. Eso es lo que Teresa de Calcula le pidió al hombre aquel, acciones compasivas y sensibles para con los demás. Acciones que nos permitan experimentar paz y armonía en nuestra vida. Me imagino que esa es la razón por la cual Mark ha incluido este cuestionario acerca de nuestra vida espiritual —dijo, tomando el siguiente papel que venía en el sobre.

Su vida espiritual:

Asigne un puntaje de 1 a 5 a cada una de las siguientes preguntas. Como verá, cada uno de estos interrogantes busca llamar su atención a una conducta o patrón de acción específicos que dejan ver si le está prestando suficiente atención a su vida espiritual. Asígnese un puntaje de "uno" si muy pocas veces piensa en dicha área y uno de "cinco" si es un área en la cual piensa con mucha frecuencia.

1. ¿Ha entregado a Dios el control de su vida? ¿Le ha manifestado su deseo de tener una relación personal con Él? Si no lo ha hecho y lo desea, puede llevarlo a cabo ahora mismo___

2. ¿Reflexiona frecuentemente acerca de su misión y contribución personal para con la humanidad? ___

3. ¿Está dispuesto a llevar a cabo cualquier cambio que Dios desee en su vida? Recuerde que todo cambio implica esfuerzo y no está exento de tensión____

4. ¿Encuentra que sus metas y aspiraciones involucran a otras personas y que ha basado su éxito en el éxito de los demás? ____

5. ¿Participa en actividades comunitarias que busquen asistir o favorecer a otros? ____

6. ¿Busca siempre tener buenas relaciones con las personas a su alrededor, sacando a relucir las mejores cualidades de ellos? ____

7. ¿Busca reconciliarse con Dios y con las demás personas y perdona sus fallas así ellas no le hayan pedido perdón? ____

8. ¿Reflexiona con frecuencia acerca de cómo solucionar injusticias sociales que puedan estar afectando a otras personas, y busca la manera de hacer algo al respecto? ____

9. ¿Evita mantener en su interior rencores, envidias, resentimientos o antipatías hacia otras personas? ____

10. ¿Tiene una relación personal con Dios en la cual le pida ayuda con sus dudas, perdón por sus faltas y guía con sus metas y proyectos? ____

- Sabiendo que el puntaje máximo que puede obtener es de 50, ¿cómo se siente acerca del puntaje que ha obtenido? ¿Qué cree que debe hacer al respecto? ¿Cuál cree que sea un buen primer paso?

Pensar en nuestras metas espirituales es simplemente tomar un poco de tiempo para determinar qué papel juega Dios en nuestra vida, evaluar si hemos agregado amor al mundo, o si estamos jugando el papel de simples espectadores, si nos hemos limitado a recibir o hemos buscado dar y contribuir. Pregúntese qué va a hacer hoy, en su comunidad, con los recursos con que ahora cuenta, para contribuir positivamente y hacer de este un mundo mejor.

Plan de Acción:

¿Cuál es su interpretación personal de lo que una meta espiritual debe ser?

____

____

____

____

¿Dedica suficiente tiempo a reflexionar acerca de los valores que gobiernan su vida?

____

____

____

____

Enumere cinco actividades que hoy no realiza (o por lo menos, no lo suficiente), que incorporará entre sus nuevos hábitos de éxito, para continuar con su crecimiento y desarrollo espiritual. Sea específico:

a. ____

b. ____

c. ____

d. ____

e. ____

¿Desempeñan sus creencias éticas y sus valores morales un papel importante en las decisiones que toma en las demás áreas de su vida?

____

____

____

____

Si le preguntaran qué actividad específica cree que contribuye de mayor forma al desarrollo espiritual de una persona, ¿qué respondería? ¿Lleva a cabo esta actividad en su vida personal?

____

____

____

____

¿Goza de la paz espiritual que desearía poseer? Si no es así, enumere tres actividades específicas que empezará a realizar hoy mismo que le produzcan mayor paz interior:

a. ____

b. ____

c. ____

¿Respeta las creencias espirituales de los demás?

____

____

____

____

Mis diez metas espirituales más importantes:

Meta Fecha

1. ______________________________/____________

2. ______________________________/____________

3. ______________________________/____________

4. ______________________________/____________

5. ______________________________/____________

6. ______________________________/____________

7. ______________________________/____________

8. ______________________________/____________

9. ______________________________/____________

10. ______________________________/____________

Afirmaciones de Éxito

1. Hoy es un gran día. Hoy tomo la decisión de hacer de este un día memorable. Elijo dar el 100% de mí mismo en todo lo que hago. Escojo vivir el día de hoy con alegría y entusiasmo. Brindaré alegría, paz y amor al mundo en cada una de mis acciones.

2. Poseo todo aquello que necesito para triunfar. Sé que Dios me ha dado los talentos y destrezas para lograr mis metas, por eso enfrento todo reto con confianza y seguridad, sabiendo que poseo las habilidades y la determinación para triunfar.

3. Sonrío frecuentemente. Soy feliz interiormente y esta felicidad interior se traduce en una alegría y entusiasmo externo constante. Tengo un profundo amor por todos los seres humanos. Hoy buscaré hacer sentir ese amor al mayor número de personas posible.

4. Soy genuino y sincero con todas las personas. Trato a quien encuentro con amor, respeto, empatía y consideración. Siempre busco cualidades en aquellos que conozco, y siempre suelo encontrarlas. He tomado la decisión de buscar y descubrir todo lo bueno en los demás.

5. Las demás personas son importante para mí. Siento un profundo deseo por ayudarlas en todo cuanto me sea posible. Mi amistad es siempre genuina, y mi sinceridad siempre real.

6. Me rehúso a permitir que los problemas y dificultades de la vida me depriman. Sé que ellos son parte del proceso de crecimiento continuo, y que inclusive el hoy más oscuro tiene un mejor mañana. Así lo espero; siempre lo busco; e invariablemente, siempre lo encuentro.

7. Cuando percibo alguna actitud negativa en alguien más, opto por ignorarla y busco concentrarme en los aspectos positivos de toda persona o situación. Siempre tengo expectativas positivas de las demás personas.

CAPÍTULO

6

EL ÁREA RECREATIVA Y DE ESPARCIMIENTO

La decisión de Mark con respecto a emplear la mañana en identificar estrategias específicas para lograr el balance entre los diferentes aspectos de la vida es recibida con singular entusiasmo. El nivel de interés de grupo es muy distinto al del día anterior, y es evidente que hay gran expectativa por lo que aún falta, particularmente el ejercicio de la junta directiva en el que cada uno de ellos debe compartir sus ideas acerca del material que recibieron en los sobres.

Esta mañana, el argumento central de su propuesta es simple: el mantener un balance en nuestra vida no demanda penosos sacrificios como muchos piensan, sino más bien requiere tomar decisiones basadas en nuestras prioridades. Es deshacernos del viejo esquema que pregona que la vida está llena de privaciones, y que toda meta en cualquier área viene acompañada de un sacrificio en otra área, de tal manera que la persona está siempre en un estado de insatisfacción perpetua, incapaz de llegar a sentirse plenamente realizada.

Después del almuerzo, Sara, Raquel y Sebastián realizan sus presentaciones, todas muy animadas y no exentas de numerosos instantes de tensión y debate. La exposición de Raquel sobre su adicción al trabajo hace que muchos se cuestionen seriamente sobre la manera como afrontan sus propias metas profesionales y responsabilidades laborales. Sebastián ofrece un testimonio muy entusiasta sobre la necesidad de ocuparse del desarrollo personal e intelectual, y en un gesto que arranca copiosas sonrisas, asigna ciertas "tareas intelectuales" al grupo que deberán realizarse en el transcurso de la semana.

Pero es la presentación de Sara la que más momentos de animado y controversial intercambio de opiniones genera. Desde un comienzo, su sentida exposición parece suscitar la creación de dos bandos opuestos. Uno de los grupos critica lo que ellos denominan la "obsesión religiosa" que caracteriza a ciertas personas; una actitud de exagerada —y en ocasiones equivocada— atención para con todo lo espiritual. El otro bando reprocha la indiferencia de aquellos a quienes parece no importarles esta área, que afirman no creer en nada y poseen una actitud cínica hacia toda expresión de espiritualidad. Sin embargo, utilizando como ejemplo, el camino que hubo de recorrer con Michael la noche anterior, Sara logra que los dos bandos reconozcan la importancia de buscar un balance entre la espiritualidad y los demás aspectos de la vida.

La siguiente presentación es la de Janet González, quien ocupa el cargo de directora de relaciones públicas. Su mirada resuelta es clara indicación de la impaciencia por hablar de un tema que, en sus propias palabras, le salvó la vida: sus metas recreativas y de diversión. El tópico parecía sencillo; pronto todos descubrirían la frecuencia con que la mayoría de las personas ignora este aspecto, y las desastrosas consecuencias que produce dicha actitud.

—Cuando Raquel hablaba hace unos momentos de su adicción al trabajo —dijo Janet, visiblemente afectada— pensaba que hace algún tiempo yo también era una de esas "trabajólicas", como solían reprochármelo mi esposo y mis hijos. No sé cómo llegué allí; supongo que, en parte, se debió a la aparición de todas estas nuevas tecnologías que lo mantienen a uno permanentemente conectado a su trabajo; o tal vez a un impulso de competitividad, no sólo profesional, sino personal que pareció apoderarse de mí cuando empecé a trabajar; o quizá se fue el resultado de las exigencias y demandas por una mayor productividad que me mantenían corriendo a un ritmo vertiginoso en la empresa. Pero lo cierto es que en algún momento el estrés, la tensión y la fatiga llegaron a un nivel en que, literalmente, sentí que me había "quemado", que estaba profesionalmente agotada.

Este síndrome de agotamiento profesional al que Janet se refiere, producto tanto del estrés laboral como del estilo de vida al que aspira una gran mayoría de los profesionales de esta nueva generación, no es tema nuevo para ellos. Lo realmente novedoso es que ahora haya una disposición para a hablar abiertamente de él. De hecho, durante la presentación de Raquel, algunos hablaron del temor que sentían al pensar que sus angustias fueran interpretadas como debilidad e incapacidad para responder a las demandas del mercado.

—Mi productividad en la oficina se fue al piso —continuó Janet—; comencé a cometer errores absurdos y a perder la paciencia con mi equipo. Y para ocultar mi propia ansiedad, cogí el hábito de culpar a los demás compañeros de trabajo de ser ellos los que estaban quemados. Lo peor de todo es que el desgaste físico y emocional comenzó a sentirse también en mi hogar. Estaba descontenta conmigo misma. Mi autoestima daba vergüenza. Supuse que la solución eran unas largas vacaciones, e inclusive llegué a pensar en dejar de trabajar por algún tiempo, pero temía que todo lo que había construido se fuera a pique. Me sentía atrapada en un callejón sin salida.

La expresión en la cara de Sebastián lo dice todo, no da crédito a lo que está escuchando. Janet es su mejor amiga en la empresa, trabajan juntos en muchos proyectos, y siempre ha admirado en ella su serenidad y enfoque. Nada la perturba, siempre en control, dinámica y optimista. No reconoce a la persona que su amiga describe. Percibiendo el asombro en los rostros de su amigo y de aquellos que ingresaron a la empresa después de su metamorfosis —como ella se refiere a ese momento en que tomó la decisión de cambiar—, hace un alto y con su característico sentido del humor se dirige a Sebastián:

—Tienes suerte de no haber conocido a la Janet de hace unos años. No sólo no hubiésemos sido amigos, sino que dudo mucho que aún trabajaras aquí. La "viuda negra" me llamaban cariñosamente mis colegas —Martín no puede ocultar una sonrisa pícara que confirma lo que ella acaba de aseverar.

—¡Estoy sorprendido! No lo niego —tratando aún de descubrir a su amiga en el sombrío personaje que ella ha dibujado—, pero me alegro por ti, por quien eres hoy, por tu cambio... ¿Qué hiciste?

—Para allá iba. Temerosa de que cuando regresara de mis vacaciones encontrara mi puesto ocupado por alguien más, y quizás porque comprendí que lo que necesitaba era mucho más que simplemente apartarme temporalmente del problema, decidí sentarme un fin de semana y hacer lo que Mark nos pidió que hiciéramos ayer. Hice una lista de lo que verdaderamente quería en la vida y la comparé con lo que había logrado hasta ese momento, y vi que iba por mal camino. Me di cuenta que yo era la última en mi lista de prioridades; que mi trabajo, mis colegas, mi casa, mis hijos, las cuentas por pagar, mi esposo y hasta mi perro estaban más arriba que yo misma. Me había olvidado completamente de mí misma. Así que decidí descubrir dónde quería estar en cada una de las áreas que identificamos ayer.

Pero como a mí sólo me toca hablar del "ser diversión y recreación", pues déjenme decirles qué cambios hice en esa área.

—Así que nos vas a dar la fórmula del éxito —bromeo Alan mientras sacaba su libreta— más vale que tome notas.

— ¡No Alan! Me temo que esta es mi fórmula —dijo Janet enfatizando el "mi" de manera exagerada—. Si quieres descubrir la fórmula que funcione para ti, vas a tener que realizar el ejercicio tú mismo. Lo que si haré es que te voy a dar, no sólo a ti sino a todos, la oportunidad de realizar un ejercicio que encontré en mi sobre anoche, el cual fue el comienzo de mi cambio cuando lo llevé a cabo por primera vez hace unos años. Pero antes quiero compartir tres ideas fundamentales que me ayudaron a erradicar el famoso síndrome del agotamiento profesional de mi vida:

Lo primero fue entender que el hacerlo era mi responsabilidad, y hago énfasis en esto porque hasta entonces, yo estaba convencida que era responsabilidad de mi jefe en el trabajo y de mi esposo en la casa. Así que la primera decisión que tomé fue adueñarme de mis circunstancias y buscar una solución.

Lo segundo fue comprender de una vez por todas que ser trabajólica no me hacía una mejor líder, ni era requisito para triunfar profesionalmente o ascender en la empresa. Por el contrario, descubrí que cuando no balanceamos el trabajo con actividades de otra índole, la productividad, creatividad y capacidad de solucionar problemas y tomar decisiones se ve afectada negativamente. Recuerdo un mensaje que Roberto me envió una tarde para advertirme de su preocupación por mis interminables jornadas de trabajo. Preocupación, pensé yo, ¿está bromeando el jefe? Al leer el mensaje me di cuenta que no era así. Era una frase del escritor Ralph Waldo Emerson refiriéndose a la jornada laboral, que decía: "Si no lo logras hacer en ocho horas diarias, lo estás haciendo mal".

Lo tercero que entendí es que la vida no es sólo trabajo y nada de diversión; que el esparcimiento no es un premio que debemos posponer hasta el día en que nos retiremos de trabajar, ni un mini descanso para recargar baterías una vez al año, sino algo que debe ser parte de nuestro diario vivir. En mi afán por alcanzar las metas profesionales y financieras que me permitieran mejorar mi estilo de vida, me olvidé de uno de los elementos que agregan más calidad a la vida: la capacidad para recrearnos y saborear del fruto de nuestro trabajo.

Así que decidí tomar algunas de las actividades de las que habló hace un momento Sebastián: leer, asistir a algún concierto, tomar un curso, pintar, ir a un museo; me di a la tarea de identificar nuevos hobbies y otras cosas que siempre quise hacer, y tomé la decisión de tratarlas con la misma importancia dedicándoles el mismo tiempo que les dedicaba a las demás áreas de mi vida.

Y algo que me ayudó a descubrir un sinnúmero de nuevas ideas —pasando a cada uno de los asistentes, incluido Mark, una fotocopia que llevaba por título el viejo cliché: ¡Ame lo que hace, y haga lo que ama!— fue este ejercicio que realicé de nuevo ayer, y que me ayudó tanto hace unos años, que quiero dedicarle el resto del tiempo que me queda de mi presentación para que lo realicemos juntos.

¡Ame lo que hace, y haga lo que ama!

Instrucciones: haga una lista de veinte actividades que verdaderamente ama hacer; situaciones que, cuando las experimenta, le hacen sentir profundamente conectado con su esencia, con el resto del mundo, con la naturaleza o con todas las personas importantes en su vida. No importa que se trate de algo sencillo de realizar en su casa, o de una aventura exótica que requiera viajar largas distancias; lo único que deben tener en común es que le hagan sentir intensamente vivo y feliz:

1. Make music
2. Draw 04/24
3. Create 24/7
4. Ride bike 05/22
5. drive 05/25
6. Laughing w/ others 05/20
7. Otdour workout 05/30
8. Walking at beach
9. Travel D01/24/19
10. Going to art museum
11. Djing party? 03/07

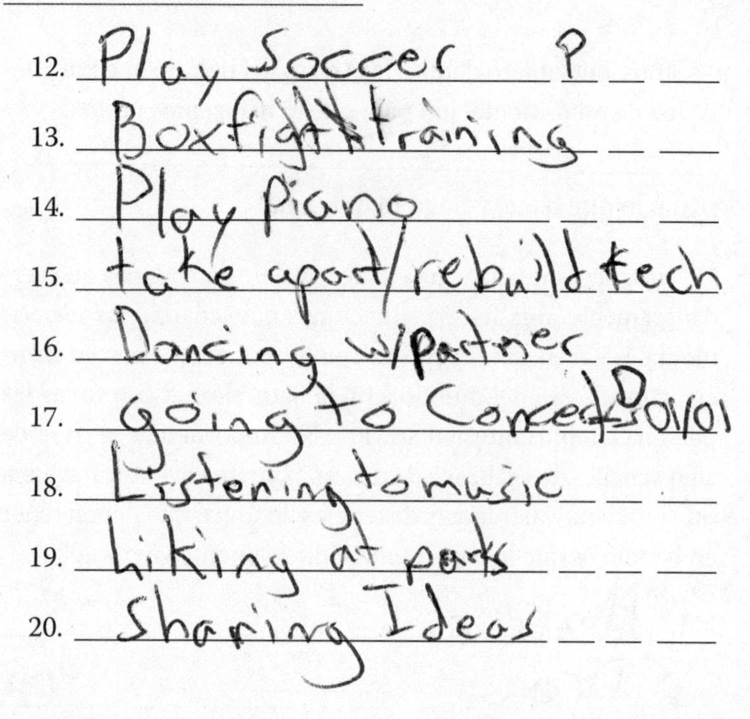

12. ______________________ __ __ __
13. ______________________ __ __ __
14. ______________________ __ __ __
15. ______________________ __ __ __
16. ______________________ __ __ __
17. ______________________ __ __ __
18. ______________________ __ __ __
19. ______________________ __ __ __
20. ______________________ __ __ __

Después de transcurrida poco menos de media hora en que todos han trabajado en esta lista, Janet hace un alto y pregunta:

—¿Cuántos de ustedes ya han logrado identificar quince o más actividades? —Todos respondieron afirmativamente—. Bien, sigamos entonces con el resto del ejercicio, sobra decir que deben continuar hasta que tengan las veinte.

Como ven, al final de cada línea hay tres pequeños espacios. En el primero, quiero que escriban la letra "P" frente a las actividades que exigen de otra persona para realizarlas. En el segundo espacio, coloquen una letra "D" frente a las que requieren más de veinte dólares para llevarlas a cabo —todos procedieron de acuerdo a sus indicaciones—. Finalmente, en el último, escriban la fecha aproximada de la última ocasión en la cual realizaron dicha actividad —esto requirió un poco más de tiempo.

Una vez terminaron, Janet tomó nuevamente la palabra:

—Cuando yo realicé esta evaluación, no me sorprendió encontrar que había ciertas cosas que prefería realizar sola y otras en compañía de diferentes personas. Lo que sí me asombró fue ver, que aunque muchas veces, argüía que lo que no me permitía divertirme era la falta de dinero, muchas de las actividades que realmente amaba hacer, requerían de poco o ningún dinero.

Sin embargo, lo más sorprendente fue ver que, a pesar de afirmar que amaba realizarlas, algunas no las hacía en años. Tenía en el cajón del olvido, archivadas, actividades que potencialmente podían producirme satisfacción y descanso, incrementar mi creatividad, llenarme de energía, darme la oportunidad de compartir más tiempo con mi esposo y mis hijos, ayudarme a eliminar fricciones, fomentar el diálogo y estimular los intereses de cada uno de los miembros de mi familia... y yo las estaba ignorando por completo.

—Si me lo permites —levanta la mano Alan pidiendo la palabra, seguido de un gesto de Janet invitándolo a continuar— hay algo que tenía planeado compartir con ustedes cuando llegara mi turno, pero que me parece muy apropiado hacerlo ahora.

En este tema es vital aprender a ser flexibles. Por experiencia propia les digo que en ocasiones, nos rehusamos a cambiar, a aprender y experimentar con nuevas actividades recreativas que incluyan a nuestra pareja y a nuestros hijos. Como la mayoría de ustedes sabe, siempre me ha gustado el fútbol; es la actividad que más me distrae. Y no es que no deseara compartirla con mi esposa; es más, siempre que tenía un partido de fútbol con mis amigos, me aseguré de invitarla a verlo. Ahora me doy cuenta de lo absurdo de dicha situación, yo creía que compartía cuando en realidad le había asignado a mi esposa el papel de simple espectadora. Pensé que mis partidos de futbol eran una buena distracción en pareja, pero nunca me preocupé por participar en lo que ella quería.

Hoy sé que ignorar estas obvias diferencias en nuestro hobbies y aficiones es la peor decisión que tomé. Seguramente esa fue una de las cosas que ocasionó nuestra separación. Por eso creo, como dice Janet, que esta es una buena oportunidad de planear actividades recreativas con nuestras pareja y nuestros hijos.

—Muy bien dicho —dijo ella, mientras les pasa a todos una copia de otro documento—. Y si no sabemos por dónde empezar, aquí va el plan de acción que venía en mi sobre.

—Me vas a dejar sin trabajo —bromea Mark, mientras le da a Janet una mirada de gran satisfacción por una presentación excepcional.

Plan de Acción:

¿Está satisfecho con el tiempo que dedica actualmente a las actividades recreativas? ¡Explique!

____

____

____

____

¿Involucran sus actividades de esparcimiento a aquellas personas cercanas a usted? Si no es así, ¿qué piensa hacer al respecto? Sea específico.

____

____

____

____

¿Suele posponer o considerar de poca importancia actividades en esta área?

____

____

____

____

¿Cuáles son las cinco actividades recreativas que su pareja disfruta más?

a. ____

b. ____

c. ____

d. ______________________________

e. ______________________________

¿Cuáles son las cinco actividades recreativas que sus hijos disfrutan más?

a. ______________________________

b. ______________________________

c. ______________________________

d. ______________________________

e. ______________________________

¿Qué tanto tiempo a la semana dedica a su recreación personal y familiar?

____

____

____

____

Identifique tres cambios en su estilo de vida que le permitirán derivar mayor placer de cada uno de sus días:

a. ______________________________

b. ______________________________

c. ______________________________

Escriba cinco actividades específicas que empezará a realizar semanalmente para mantener un balance en esta área:

a. ____

b. ____

c. ____

d. ____

e. ____

¿Utiliza la recreación como la gran oportunidad que es para desarrollar una mayor cercanía con sus hijos? Si no es así, ¿qué piensa hacer al respecto? Sea específico.

____

____

____

____

Mis diez metas recreativas más importantes:

Meta Fecha

1. ______________________/__________
2. ______________________/__________
3. ______________________/__________
4. ______________________/__________
5. ______________________/__________
6. ______________________/__________
7. ______________________/__________
8. ______________________/__________
9. ______________________/__________
10. ______________________/__________

Afirmaciones de Éxito

1. Siempre me proporciono el tiempo adecuado para descansar y relajarme. Duermo con tranquilidad, y amanezco descansado y con energía para empezar un nuevo día.

2. Mi descanso y relajación son importantes para mí. Siempre me aseguro, no sólo de trabajar en el logro de mi éxito profesional, sino de disfrutar los bellos regalos que la vida me ofrece día a día.

3. Utilizo las actividades recreativas para lograr que mis hijos aprendan a verse a sí mismos de la manera más positiva posible. Busco siempre crear armonía y felicidad en mi hogar.

4. Siempre me aseguro de evitar estresarme. Sólo permito que aquellas energías positivas y saludables trabajen dentro de mí.

5. Nunca permito que el miedo se apodere de mí. Estoy muy ocupado llevando una vida de logros positivos para permitir que el miedo, el odio, la envidia o cualquier otra emoción negativa encuentren cabida en mi mente.

6. Siempre estoy alerta para prevenir el ingreso de cualquier clase de ansiedad o angustia en mi mente. Enfrento mis responsabilidades con seguridad y entusiasmo. De la misma manera, enfrento los problemas y conflictos con decisión y determinación.

7. Disfruto el ejercicio. Cuando estoy haciendo ejercicio lo disfruto y siento como mi cuerpo adquiere mayor energía, fuerza y salud. La recreación es una de las mejores maneras de proveerle a mi cuerpo con el esparcimiento y descanso necesarios.

CAPÍTULO

7

EL ÁREA DE LA SALUD Y EL ESTADO FÍSICO

Tan pronto llega a casa abre el sobre y esparce todo su contenido sobre la mesa. Mira inquieto en busca de cualquier palabra que le dé algún indicio del tema que le ha correspondido.

—¡Maldita sea! —vocifera al ver el título: "Salud y estado físico"—. Esto ya parece una conspiración.

Es la segunda vez en menos de un año que debe afrontar el tema de su pobre salud. Seis meses antes había muerto su mejor amigo después de una larga batalla contra el cigarrillo. Cuando le descubrieron el cáncer que lo consumió en menos de nueve semanas, ya había destrozado casi todos sus órganos. Guillermo lo vio sucumbir rendido a su suerte. Las últimas palabras que le escuchó pronunciar la noche antes de morir no fueron para él, su amigo de siempre, ni para su familia, sino para el cigarrillo que reposaba, aún sin encender, sobre su mesa de noche; el mismo que pidió tener en su lecho de muerte con el único propósito de recordarse a sí mismo hasta último minuto el tamaño de su propia estupidez: "Me niego a creer que haya permitido que me robaras la vida", dijo con despreció mientras despedazaba el cigarro.

Fue la primera vez en su vida que confrontó la inminencia de su propia muerte. Un año atrás, su amigo era un caudal de energía: fuerte, dinámico, feliz en su hogar, exitoso en los negocios; sí, claro... ¡fumaba! Pero nada del otro mundo.... "Hay quienes fuman dos y tres cajetillas al día y viven hasta los ochenta años", solía decir para justificar este vicio que los dos compartían, "Además... de algo tiene que morirse uno", bromeaban entre bocanadas de humo. Nunca hubiesen imaginado cuán proféticas habrían de ser sus palabras.

El día del funeral prometió dejar de fumar de una vez por todas. La promesa fue sentida y hasta con lágrimas. "A decir verdad, ni tan siquiera hizo el intento de dejarlo", recuerda su esposa cuando hablan del tema. "Primero juró que lo dejaría de un solo golpe, que la muerte de Gilberto había sido un llamado de advertencia que no iba a ignorar; después, que lo haría poco a poco y que ya había comenzado; luego, salió con que fumar era una forma de mantener vivo el recuerdo de su amigo; y a final, terminó fumando a nombre suyo, según él, para hacerle honor a su memoria... No sabía yo si echarme a reír o ponerme a llorar".

Su médico le dio un ultimátum: "¡O dejas de fumar, bajas de peso, comienzas a hacer ejercicio y cuidas de tu salud, o ve preparando tu testamento!" Él lo tomó medio en serio, pero, como con todo, no quiso irse a los extremos. Y ahora, nuevamente... frente a él, este sobre queriendo hacerle caer en cuenta una vez más de sus pobres decisiones.

—¡Guillermo! —La voz de su esposa lo sacó de su abstracción. Él la mira, aún pensando en su amigo.

—¿Me decías algo?

—Te pregunto qué haces. ¿Qué son todos estos papeles?

—No lo vas a creer. ¿Te acuerdas del taller que empezamos ayer en la empresa?

—¡Ajá! ¿Alguna novedad?

—Hoy fue un día de sorpresas. Aquello parece un retiro espiritual, con confesiones, desahogos y promesas... Y no estoy siendo cínico. Es más, me ha hecho pensar muy seriamente en muchas cosas.

—¿Qué cosas?

—¡Todo! Mi plan de éxito, mi vida, tú, los niños, mi trabajo, y... sobre todo mi salud.

—Lo único que sé es que de nada sirve alcanzar el éxito en otras áreas si no cuentas con la salud para disfrutarlo —dice ella sin prestar mayor atención—; si entre tus metas no está el mantener una dieta saludable y ejercitar tu cuerpo de manera regular, tu plan de éxito no está completo. —luego lo deja a solas; ya ha escuchado ese disco antes.

Guillermo no hace ningún intento por detenerla. Sabe que, por lo menos en lo que se refiere a su salud, ha perdido toda credibilidad ante ella con las constantes promesas que nunca se materializan de dejar el cigarrillo, las innumerables dietas que empieza y no termina y los equipos de ejercicio que reposan en su closet sin ser utilizados.

Vuelve su atención a los papeles y los organiza. Encuentra un "plan de acción" similar al que Janet les entregara en la mañana, pero dirigido a la salud, una serie de afirmaciones y una hoja para escribir sus diez metas más importantes en esta área. Hace estos documentos a un lado, y enfoca su atención en tres artículos con encabezados bastante sugestivos.

El primero de ellos lleva por título: La fuente de la eterna juventud, y habla sobre la relación que existe entre la actitud mental y la salud.

El artículo plantea que toda persona es quien es y se halla donde está, física y mentalmente, como resultado de todos los pensamientos que han encontrado cabida en su mente, ya que estos no sólo afectan el estado de ánimo y la conducta, sino que ejercen una enorme influencia en la salud y el bienestar físico.

La dieta, propone el artículo, no ayudará físicamente a quien se rehúse a erradicar de su mente pensamientos nocivos. No obstante, al cambiar la manera de pensar, la mente se encargará de ayudarnos a evitar las comidas nocivas y poco saludables. Es simple, si deseamos perfeccionar nuestra salud física, debemos ser muy cuidadosos con lo que ponemos en nuestra mente. Para renovar el cuerpo, es vital limpiar primero la mente.

El texto cita numerosos testimonios y referencias en publicaciones médicas que muestran cómo los pensamientos negativos y destructivos generan fuerzas y sentimientos dañinos, que suelen manifestarse en enfermedades y males, algunos de ellos graves, como las úlceras, los trastornos cardiacos, la hipertensión, los problemas digestivos, las migrañas y otras afecciones.

Pero nadie nace con estas emociones y sentimientos negativos —lee Guillermo con atención—, todos son aprendidos, muchas veces desde temprana edad y, absurdamente, somos nosotros mismos los que nos encargamos de grabarlos en nuestra mente y continuar creyendo en ellos a lo largo de toda la vida.

Tan increíble como parezca, muchas veces nuestra pobre salud se debe a que desde niños se nos ha infundido la idea de que la enfermedad, el dolor y el sufrimiento físico, no sólo son imposibles de evitar, sino que son la norma y no la excepción; de manera que crecemos creyendo que debemos aceptar nuestras dolencias y padecimientos como algo ineludible.

¿Cuáles son las consecuencias de tal actitud? El escrito hace referencia directa a un estudio realizado por la Universidad de Harvard, en el cual un grupo de estudiantes que se graduaron de la universidad, fueron contactados y encuestados regularmente durante los siguientes 25 años. El objetivo era desarrollar un perfil que nos permitiera observar su estado físico y emocional en todo momento. El estudio demostró que aquellas personas que a los 25 años ya exhibían una actitud pesimista, mostraban una mayor incidencia de enfermedades serias entre los 40 y los 50 años de edad.

...Pensemos en el gran beneficio que recibiría la persona adulta —continuaba el escrito—, si desde la niñez planeara mantenerse saludable, en vez de alimentar constantemente su mente con todas las posibles enfermedades que sufrirá y con la preocupación de andar siempre precavida contra el riesgo de contraerlas. Sin embargo, esto sólo ocurrirá cuando entendamos que la salud es mucho más que la simple ausencia de enfermedad; que es el resultado de un equilibrio entre el bienestar físico y el mental; que no tendremos salud si estamos siempre pensando en la enfermedad, de la misma manera que no podremos llevar una vida de prosperidad si constantemente estamos enfocados en la escasez.

Millones de personas nunca han entendido este principio, y por tal razón son causantes de muchos de los males que les aquejan debido a las ideas negativas que mantienen en su mente. No han comprendido que los pensamientos enfermizos se expresan a través de un cuerpo enfermo. Es por ello que las personas pesimistas y negativas, aquellas que constantemente se quejan por todo, son las que suelen enfermarse con mayor frecuencia. De hecho, Martín Seligman, profesor de la Universidad de Pennsylvania, asevera que el sistema inmunológico de la persona pesimista y negativa no responde tan bien como el del individuo optimista y positivo. Los pesimistas sufren de más infecciones y enfermedades crónicas.

Pero no todos son malas noticias. Pese a que se ha demostrado que los pensamientos hostiles y de enojo aceleran los latidos del corazón y suben la presión arterial, que la ira, el resentimiento y la tristeza debilitan el sistema inmunológico del cuerpo, y que el odio, la rabia y el deseo de venganza intoxican el organismo, también se ha encontrado que los pensamientos positivos producen un flujo de neurotransmisores y hormonas en el sistema nervioso central, que estimula, provee energía al cuerpo y crea las circunstancias propicias para la conservación o restauración de una buena salud.

¿Qué tan importante es nuestra actitud para el mantenimiento de una salud óptima? —cuestiona el artículo hacia el final y seguidamente propone que, en ocasiones es vital, citando dos casos contundentes:

En el primero, se refiere a un grupo de investigadores del hospital King's College de Londres, que realizó un estudio en 57 pacientes que sufrían de cáncer de seno y fueron sometidas a una mastectomía. Siete de cada diez mujeres que poseían lo que los doctores llaman un "espíritu de lucha" aún llevaban vidas normales diez años más tarde, mientras que cuatro de cada cinco de las mujeres que, en opinión de los doctores, "habían perdido la esperanza, resignándose a lo peor" murieron al poco tiempo de recibir su diagnóstico.

En otro estudio realizado con treinta personas que sufrían de cáncer del colon o de un tumor maligno, se les pidió a los pacientes que tomaran un curso de ocho semanas para ayudarles a relajarse y cambiar su actitud mental. La terapia consistía en visualizar enormes células anticancerosas navegando a través del sistema sanguíneo y devorando las células cancerosas o el tumor existente. El propósito era cambiar la actitud derrotista y las creencias negativas que muchos de ellos tenían. Los resultados fueron sorprendentes: los pacientes que tomaron el curso mostraron un incremento en el número de las células que normalmente protegen el cuerpo contra el crecimiento de tumores malignos.

Así que una actitud optimista y perseverante, no sólo nos ayudará a alcanzar nuestras metas más ambiciosas —concluye el artículo— sino que, en muchas ocasiones, es la diferencia entre la vida y la muerte.

Guillermo deja el papel de un lado y escribe en su agenda:

> "Vamos por la vida pensando que nuestras enfermedades fueron heredadas, o son el resultado del medio ambiente o el producto de pobres hábitos alimenticios que aprendimos de nuestros padres, o que son consecuencia de aspectos totalmente fuera de nuestro control. Pero lo cierto es que, salvo contadas excepciones, la mayoría de nosotros experimenta el estado de salud que se ha encargado de crear con su manera de pensar. Con mi actitud y con los pensamientos que albergo en mi mente, yo mismo he atraído hacia mi vida las enfermedades que hoy me aquejan, y soy yo el responsable de cambiar esa realidad".

El segundo artículo decía: "Recibirás un cuerpo; estás en posición de tratarlo como quieras, pero será el único por el resto de tu vida".

El primer interrogante que plantea el texto atrapa de inmediato su atención. ¿Qué tanto cuidado le prestarías a la gasolina que pones en tu auto, si supieras que es el único carro que tendrás?

Guillermo es uno de los que no vigila con demasiado esmero la clase de combustible que pone en su auto, o al tipo de aceite utilizado al arreglarlo; tampoco se preocupa demasiado por las credenciales del mecánico que trabajará en él, o si los repuestos usados son de la mejor calidad. Ha aceptado que un día, cuando el automóvil esté demasiado viejo y su mantenimiento sea excesivamente costoso, va a tener que comprar otro. Después de todo, es absurdo esperar que el auto le vaya a durar por siempre.

Pero... y si ese automóvil tuviese que durarle toda su vida; si supiera que nunca le será posible cambiarlo por otro, y que cuando finalmente deje de funcionar tendrá que acostumbrarse a caminar o a tomar el autobús, ¿sería más riguroso con el mantenimiento de su vehículo? ¿Escogería mejor el mecánico que va a cuidar de él? ¿Se aseguraría que los repuestos utilizados sean de la mejor calidad posible?

La respuesta es obvia: ¡Por supuesto que sí! Y si eso es con un auto, ¿cuánto más cuidadoso debe tener con su cuerpo? Después de todo, es el único que recibirá, de eso no cabe duda. Si permite que se deteriore, si lo envenena colocando sustancias nocivas en él, y si no cuida de lo que pone en su interior, no habrá manera de reemplazarlo más adelante por uno nuevo.

...Tu organismo no es más que el resultado de todo lo que has puesto en él —continuó leyendo, y lo categórico e irreversible de esa realidad lo estremeció—; tu salud, tu nivel energético, tu capacidad para defenderte de infecciones y enfermedades, y tu longevidad, están todos afectados por la clase de alimentos que consumas, la dieta que lleves y las sustancias que pongas en tu organismo.

Un gran número de enfermedades están directamente relacionadas con la dieta y los hábitos alimenticios. El 90% de los casos de cáncer gastrointestinal, se encuentran directamente relacionados con la nutrición. La presión arterial alta, los altos niveles de colesterol en la sangre y los problemas cardíacos, son también el resultado directo de malos hábitos alimenticios.

Ahora bien, todos tenemos control sobre lo que elegimos comer. Lo importante es ejercer dicho control de manera que nuestras metas no se queden en simples generalidades, sino que se traduzcan en objetivos específicos. He aquí algunos de los objetivos que debemos tener en cuenta:

- Reconoce la importancia de una dieta balanceada, presta atención a lo que comes. Limita el consumo de comida chatarra que contiene por lo general altos niveles de grasas, sal, azucares y otros aditivos alimenticios y poco o ningún contenido nutritivo, al igual que bebidas gaseosas altas en calorías. Un simple cálculo matemático muestra que beber una lata de refresco con gas todos los días, representa ingerir cincuenta mil calorías al año, las cuales significan siete kilos.

- No seas esclavo de tus estados de ánimo. No te sientes a comer si estás enfadado, triste, aburrido o estresado, o si tienes prisa. En tales circunstancias existe la tendencia a comer más de lo usual, y no masticar bien los alimentos, lo cual disminuye la capacidad del cuerpo para digerirlos de manera apropiada.

- Asegúrate de que tu dieta alimenticia sea rica en fibra. Esta se encuentra en los cereales, las verduras y las frutas frescas. Ellas son, además, una importante fuente de vitaminas y minerales necesaria para el organismo.

- Disminuye la cantidad de grasas saturadas que consumes. Estas generalmente se encuentran en cualquier dieta que contenga exceso de carnes y productos lácteos enteros. Las grasas adicionan un excedente de calorías y aumentan el riesgo de contraer enfermedades cardíacas. De igual manera, varias investigaciones han demostrado que el ingerir demasiados alimentos ricos en colesterol (carne roja, huevos) contribuye al endurecimiento de las arterias. Cuando estas se bloquean como resultado de depósitos endurecidos de colesterol, se disminuye o se priva al corazón del flujo de oxígeno que requiere para funcionar normalmente.

- Procura consumir poca azúcar y otros carbohidratos como las harinas refinadas, el pan blanco, el arroz, las pastas, ya que éstos liberan insulina y aumentan el apetito, alimentando así el mal hábito de comer sin control. Se ha comprobado también que disminuir el consumo de sal es un medio eficaz para bajar la presión arterial.

Cuando Guillermo termina de leer, hace un balance de su salud y piensa en las recomendaciones de su médico. Sabe que necesita dejar de fumar y que tiene que bajar 65 libras si desea estar en su peso ideal. Son dos decisiones que ha venido aplazando y entiende que el continuar posponiéndolas le podría costar la vida. "La obesidad y la adicción al cigarrillo son las dos causas más comunes de muerte en el mundo, y tú sufres de ambas", le dijo el doctor para que se diera cuenta de la situación de alto riesgo en la que él mismo se había puesto. "Estas dos condiciones te hacen más propenso a sufrir de toda una serie de males como la diabetes, la hipertensión, y las enfermedades cardiacas y respiratorias, todas con gravísimas consecuencias".

Intentó dejar de fumar y hasta empezó una nueva dieta, pero pronto se dio por vencido. Sin embargo, lo que resta del artículo contiene algunas pautas que prometen mejorar sus opciones de éxito, así que lee con interés.

Tu primer paso debe ser una visita al doctor, una dieta ideal para una persona puede no serlo para otra; la edad, el peso y el estado físico son fundamentales para determinar cuál es la dieta más conveniente.

El segundo paso es entender que de lo que se trata es de adquirir nuevos hábitos y eso va a tomar algún tiempo. Si deseas ejercer moderación en las comidas, debes tener presente que tarde o temprano sentirás hambre y querrás volver a los viejos hábitos. Si ignoras esta realidad y no te preparas para enfrentarla estás perdido. Es simple, tú ganaste todo ese peso porque tenías un mal hábito, comías demasiado, y sólo lo perderás cuando adquieras el buen hábito de comer sanamente y con moderación.

El tercer paso es que dicha meta debe ser tuya y debe basarse en tus necesidades reales. Muchas personas fracasan en su anhelo de bajar de peso porque están tratando de alcanzar metas que, ni son suyas ni son reales; son falsas expectativas de peso, figura e imagen, impuestas por los medios, sus amigos u otras personas. Si crees que necesitas perder peso, asegúrate que realmente es así y no que es simplemente el resultado de presiones externas o modas comerciales.

El cuarto paso acerca de esta meta, es que debe ser lo suficientemente específica. No basta decir, como muchas veces lo hacemos en nuestras resoluciones de año nuevo: "Voy a perder unas cuantas libras". Debes ser preciso, si son 65 libras, entonces debes decir: "¡Bajaré 65 libras para lograr mi peso ideal!"

El quinto es asegurarte que sea una meta grande, que te exija un esfuerzo fuera de lo común. ¿Si ves? 65 libras de peso es una cantidad considerable; su logro tendrá un efecto apreciable. Si dices que vas a perder tres libras, eso no exige mayor esfuerzo de tu parte. Es posible que ni siquiera lo notes, pero las metas grandes sacan a relucir el enorme potencial que reside dentro de cada uno de nosotros.

El sexto paso es que asignes una fecha concreta para el logro de esa meta; metas borrosas producen resultados borrosos. Asigna un período de tiempo prudente que hayas acordado con tu médico. Muchas veces, en este punto olvidamos que no ganamos esas 65 libras de sobrepeso en dos o tres semanas, así que no esperemos rebajarlas en tan corto tiempo.

El séptimo paso es: ¡Comienza ya mismo! No esperes por un mejor momento; hoy es el mejor día para comenzar a trabajar en adquirir una salud óptima.

Buena idea —dice Guillermo, entendiendo el valor de estos siete pasos y recordando la frase con la que Mark comenzó su exposición de esa mañana: "Hasta el viaje más largo del mundo comienza con un primer paso".

El último artículo habla sobre la importancia del ejercicio físico, y se titula: "Mente sana en cuerpo sano".

...El ejercicio no es un lujo ni distracción; es una de las más importantes inversiones en tu salud y la clave para lograr un buen estado físico.

Diferentes investigaciones han logrado establecer que una combinación de tonalidad muscular, resistencia física y acondicionamiento cardiovascular, ejercicios aeróbicos, mayor actividad física y una dieta balanceada, ayudan a bajar la presión arterial, a reducir las grasas acumuladas en el cuerpo y el nivel de colesterol en la sangre, a quemar calorías y, por supuesto, a disminuir las posibilidades de problemas cardiovasculares. Esto, sin mencionar que el ejercicio te proveerá de mayor energía y te ayudará a reducir el estrés notablemente.

Al igual que con las dietas, el primer paso para seleccionar el plan que te permita mejorar tu estado físico debe ser descubrir las razones por las cuales esto es importante para ti; y aunque algunas de ellas sean evidentes, asegúrate de escribirlas. El siguiente paso, el cual es de enorme importancia para aquellas personas que no han hecho ejercicio en mucho tiempo, es empezar con una visita a su médico. El mejor programa para ti depende de tu estado de salud, tu condición física, el nivel de actividad diaria, y tu edad.

Ahora bien, la falta de ejercicio no es lo único que va en detrimento de nuestra salud. La poca actividad física, característica de la vida sedentaria, es también la causante o el factor agravante de un gran número de enfermedades. Por esta razón, modificar nuestro estilo de vida, de manera que incluya mayor actividad física, debe ser una de nuestras prioridades más inmediatas.

Empieza realizando pequeñas modificaciones a tu estilo de vida. Usa menos el ascensor y más las escaleras. Caminar es excelente para tu salud, tiene un efecto positivo en tu sistema cardiovascular y, probablemente, es el mejor ejercicio para aquellas personas que han estado inactivas por muchos años. Practica cualquier deporte: ciclismo, natación, tenis; todas estas actividades redundarán no sólo en un mejor estado físico, sino en una mejor salud mental.

Cuando termina de leer este último artículo, Guillermo decide realizar una autoevaluación que Mark incluyó para determinar su estado de salud actual. Sabe que el objetivo de esta autoevaluación no es un sustituir la visita al doctor —algo que entiende que debe hacer, particularmente después de haber leído estos textos— sino ayudarle a comprender la necesidad de prestar mayor atención a los diferentes factores que afectan su salud.

Las preguntas buscan identificar los diferentes factores de riesgo que, de una u otra manera, lo hagan más propenso al desarrollo de ciertas condiciones o enfermedades. Estos factores de riesgo pueden ser heredados o ser el resultado de su estilo de vida. Obviamente, existen otros factores que también inciden en su salud, y no todos ellos afectan a toda persona por igual.

Primera parte. Su familia y su historial médico:

Marque en la primera casilla cada uno de los factores que se apliquen a su caso en particular.

1. Uno o más de mis abuelos padece o padeció de:

	Presión arterial alta	(1 punto)
	Diabetes	(1 punto) ✓
	Derrame cerebral	(1 punto)

	Afecciones cardiacas o arteriosclerosis	(1 punto)✓
	Cáncer	(1 punto)
	Obesidad o dificultad en controlar mi peso	(1 punto)

2. Uno o mis dos padres padecen o padecieron de:

	Presión arterial alta	(2 puntos)
	Diabetes	(2 puntos)
	Derrame cerebral	(2 puntos)
	Afecciones cardiacas o arteriosclerosis	(2 puntos)
	Cáncer	(2 puntos)
	Obesidad o dificultad en controlar su peso	(2 puntos)
	Altos niveles de grasa y colesterol en la sangre	(2 puntos)

3. Yo padezco o he padecido de:

	Presión arterial alta	(4 puntos)
	Diabetes	(4 puntos)
	Derrame cerebral	(4 puntos)
	Afecciones cardiacas o arteriosclerosis	(4 puntos)
	Cáncer	(4 puntos)
	Obesidad o dificultad en controlar su peso	(4 puntos)
	Altos niveles de grasa y colesterol en la sangre	(4 puntos)

4. Marque la próxima casilla, sólo si se aplica a su caso

	Regularmente tomo pastillas anticonceptivas o medicamento de tipo hormonal	(2 puntos)

5. Marque la categoría que se aplique en su caso

	Tengo menos de 35 años de edad	(0 puntos)✓
	Tengo entre 35 y 49 años de edad	(1 puntos)
	Tengo entre 50 y 64 años de edad	(2 puntos)
	Tengo más de 65 años de edad	(3 puntos)

	Puntaje referente a la familia e historial médico:	2

Segunda parte. Su perfil nutricional:

Marque cualquiera de los puntos que se apliquen a usted.

	Durante el día comúnmente como entre las comidas	(1 punto)
	Suelo comer golosinas en la noche	(1 punto)
	Suelo comer dulces, mentas, gomas de mascar	(1 punto)
	Entre comidas suelo tomar café con leche y azúcar o sacarina	(2 puntos)
	Entre comidas suelo consumir bebidas gaseosas endulzadas o dietéticas	(2 puntos)
	Por lo menos una comida diaria suele durar más de una hora	(1 punto) ✓
	Cuando siento hambre prefiero comer algo ligero como papas fritas, galletas o dulces	(4 puntos)
	Como comidas con alto contenido de grasa casi todos los días	(2 puntos)
	Usualmente incluyo uno de los siguientes alimentos en cada comida: pan, arroz, pasta, harina, frutas o dulce	(4 puntos) ✓
	En ocasiones suelo comer a pesar de no tener demasiada hambre	(2 puntos)

	Puntaje referente al perfil nutricional:	5

Tercera parte. Su nivel de actividad diaria:

Marque la frase que mejor lo describe en general:

	Soy muy activo (camino y practico deportes regularmente)	(0 puntos)

	Soy moderadamente activo	(2 puntos) ✓
	Soy inactivo	(4 puntos)

	Puntaje referente a la actividad diaria:	2

Cuarta parte. Su nivel de estrés:

En cada uno de los siguientes grupos sólo marque la frase que mejor describe su situación personal:

Experimento gran cantidad de estrés

	Rara vez o muy pocas veces	(0 puntos) ✓
	En mi trabajo pero no en mi hogar	(2 puntos)
	En mi hogar pero no en mi trabajo	(3 puntos)
	En mi trabajo y en mi hogar	(5 puntos)

Fumo

	No	(0 puntos) ✓
	Menos de un paquete diario	(2 puntos)
	Entre uno y dos paquetes al día	(4 puntos)
	Más de dos paquetes diarios	(8 puntos)
	Fumo cigarros o pipa	(2 puntos)

Tomo cerveza, vino u otras bebidas alcohólicas

	Muy rara vez	(0 puntos) ✓
	En pocas ocasiones pero hasta la ebriedad	(1 punto)
	Una o dos veces por semana	(1 punto)
	Una vez al día	(2 puntos)
	Dos o más veces al día	(4 puntos)

	Puntaje referente al nivel de estrés:	0

Ahora calcule el puntaje por separado para cada sección. Posteriormente, coloque los puntajes correspondientes a cada sección en la siguiente tabla y sume todos los puntajes parciales para obtener su puntaje total:

Primera Parte: Familia e historial médico	Máximo 53 puntos	2
Segunda Parte: Perfil nutricional	Máximo 20 puntos	5
Tercera Parte: Nivel de actividad diaria	Máximo 4 puntos	2
Cuarta Parte: Nivel de estrés	Máximo 23 puntos	0

Todos los factores citados en la evaluación anterior inciden en mayor o menor grado en el desarrollo de ciertas enfermedades. Son factores de riesgo o condiciones, cuya ocurrencia generalmente se utiliza para predecir la ocurrencia de otra condición, enfermedad o malestar. En ocasiones el factor de riesgo es la causa misma de la enfermedad.

El saber cuales son estos factores de riesgo y cuales son las enfermedades conectadas a ellos nos permite actuar proactivamente en la prevención de dichas aflicciones.

Por ejemplo, se ha encontrado que el fumar (factor de riesgo) está conectado con el desarrollo de enfermedades cardiacas. El estrés ha sido asociado con ciertos tipos de cáncer. El consumo de altos niveles de alcohol ocasiona severas enfermedades como la cirrosis, que destruye el hígado.

Entendiendo estos factores de riesgo logramos tomar mejores decisiones acerca de nuestra salud. Ahora bien, es cierto que algunos de estos factores son de carácter hereditario, mientras otros son el resultado de nuestros hábitos y estilo de vida. Por tal razón el conocerlos nos permite minimizar los riesgos asociados con dichas condiciones, mientras que el ignorarlos acarreará consecuencias graves.

Por ejemplo, si nuestro historial médico muestra que tanto abuelos como padres han padecido de enfermedades cardiovasculares o de diabetes, debemos pensar en incorporar en nuestro estilo de vida actividades que nos ayuden minimizar el impacto que estos factores de riesgo en nuestra salud. Sin embargo, ignorar este hecho y fuera de ello desarrollar otros factores de riesgo que empeoren dichas condiciones, sólo traerán trágicas consecuencias para nuestra salud.

- Puntajes totales menores a 11 puntos no permiten concluir que un factor de riesgo exista o no.
- Puntajes entre los 12 y los 18 puntos indican que existe un pequeño, pero significativo, riesgo que lo sitúan en un nivel más vulnerable con respecto al desarrollo de ciertas condiciones o enfermedades.
- Puntajes entre los 19 y los 36 puntos indican que se conjugan en usted suficientes factores de riesgo como para examinar con cuidado su estilo de vida y eliminar condiciones y hábitos que resultarán en el desarrollo de enfermedades mayores.
- Puntajes mayores a los 37 puntos son una clara indicación de que existen altos niveles de riesgo de desarrollar diversas condiciones o enfermedades, como resultado de tendencias hereditarias, o como consecuencia de su estilo de vida.

Plan de Acción:

1. ¿Visita regularmente al doctor para asegurarse que todo anda bien con su salud? Si no es así, escriba a continuación el nombre de su médico y la fecha de su próxima visita:

____

____

____

____

2. Cinco actividades específicas que lo están deteniendo de disfrutar de una salud óptima son:

a. ______________________________

b. ______________________________

c. ______________________________

d. ______________________________

e. ______________________________

3. ¿Cómo piensa cambiar esta situación? ¡Sea específico!

____

____

____

____

4. ¿Presta suficiente atención a la clase de alimentos que consume?

____

____

____

____

5. ¿Ha desarrollado un programa de ejercicio físico y lo sigue con regularidad?

____

____

____

____

6. ¿Qué actividades realizará diariamente, que le ayuden a mantener un alto nivel de actividad física?

a. ____

b. ____

c. ____

d. ____

e. ____

7. ¿Se encuentra satisfecho con el nivel de energía que posee? ¿Suele estar cansado la mayor parte del tiempo? ¿Qué hará para cambiar esta situación?

____

____

____

8. ¿Mantiene una dieta balanceada, cuidando de proveer a su organismo con todo lo necesario para su funcionamiento óptimo?

____

____

____

____

Mis 10 metas de salud y estado físico más importantes:

Meta	Fecha
1. ____________________	/ ________
2. ____________________	/ ________
3. ____________________	/ ________
4. ____________________	/ ________
5. ____________________	/ ________
6. ____________________	/ ________
7. ____________________	/ ________
8. ____________________	/ ________
9. ____________________	/ ________
10. ____________________	/ ________

Afirmaciones de Éxito

1. Siempre me aseguro de poseer metas que me ayuden a mantener un estado físico óptimo. Las escribo, las leo y las vivo día a día, y poseo un plan de nutrición y descanso específico. Mi salud física es importante para mí.

2. Amo el estar en óptima condición física. Todos los días cuido de mi cuerpo y busco mantener el balance físico que me mantenga en óptimo estado de salud. Me gusta el cuerpo que he creado para mí; es parte de quien soy, y amo quien soy.

3. Como y bebo aquello que es benéfico para mi salud física y mental. Nunca como o bebo más de lo que debiera y nunca me comporto de una manera que afecte negativamente mi salud.

4. Ejercito mi cuerpo cada día y disfruto haciéndolo. Espero con anticipación el estado de total bienestar y fuerza que el hacer ejercicio me brinda. Amo los efectos positivos que el ejercicio crea en mi vida. Cuando ejercito, me siento mejor acerca de mí mismo.

5. Estoy en mi peso ideal. Puesto que mantengo un balance entre mi dieta alimenticia y mi ejercicio, el mantener mi peso ideal es relativamente sencillo. ¡Luzco bien y me siento bien! He elegido ser saludable y energético.

6. Me siento muy orgulloso de no ser un fumador. Mis pulmones son fuertes y saludables, por tal razón respiro con gran facilidad. No soy víctima de ningún hábito que domine o influya de manera negativa en mi vida.

Me encuentro en control de mis acciones. He decidido llevar una vida libre de malos hábitos.

7. Comúnmente programo mi mente con instrucciones positivas para mantener un estado físico y mental óptimo. He aprendido a verme a mí mismo saludable, en perfecto estado físico y por sobre todo muy feliz. Esto me permite mantener un alto nivel energético y gran entusiasmo por todo lo que hago.

CAPÍTULO 8

EL ÁREA FINANCIERA

"El 80% de las riquezas del mundo se encuentra en manos del 20% de las personas. Sin embargo, si juntáramos todas esas riquezas y las repartiésemos de manera igual entre cada uno de los habitantes del planeta, en cinco años, el 80% de ellas se encontraría nuevamente en las manos del mismo 20% inicial".

Esta frase categórica y hasta desconcertante, del magnate petrolero J. Paul Getty que encabeza el documento que extrae del sobre le hace recordar una clase de Economía que tomara en la universidad años atrás, en la que se debatía sobre el origen de las grandes fortunas y los hombres y mujeres que las forjaron.

—Desde el punto de vista económico, no todas las personas han nacido en igualdad de condiciones —señaló en esa ocasión su profesor, sabiendo que lo que estaba a punto de decir suscitaría toda clase de polémicas entre sus alumnos—. Muchas personas nacen en medio de la más extrema pobreza, otras nacen en el seno de familias poseedoras de inmensas fortunas, mientras que la gran mayoría nace en algún punto intermedio. No obstante, hay dos aspectos comunes a todos: primero, nadie tuvo la posibilidad de escoger la opción de nacer en una familia pobre, en una familia rica o en una familia de clase media; segundo, lo que todos sí estamos en absoluta libertad de elegir, es si deseamos llevar una vida de pobreza, una vida de riqueza, o una vida promedio. Está en nuestras manos escoger la clase de vida que deseamos tener.

Martín fue el primero en objetar a tal afirmación.

—Disculpe profesor, ¿está usted insinuando que la gente pobre ha escogido ser pobre? —su cara roja evidencia su indignación ante tan absurda teoría.

—No señor Guzmán, no lo estoy insinuando, lo estoy ratificando. La historia ya se ha encargado de demostrarlo una y otra vez. Ya sé que a veces creemos que algunos nacieron en mejores circunstancias económicas que otros, pero acaso, ¿no es igualmente cierto que muchas personas que nacieron en condiciones precarias fueron capaces de crear inmensas fortunas, mientras que otras que nacieron en familias aristócratas, murieron sin un centavo en su haber?

Martín no pudo rebatir tal argumento. La de su padre, era una de esas historias. Un hombre humilde que no había tenido la oportunidad de tan siquiera ir a la escuela, y a punta de esfuerzo y dedicación había construido una gran empresa, sin ningún capital inicial, y ahora podía ofrecerle a él la oportunidad de un futuro mejor.

—Pero... y el medio, y las circunstancias económicas del país, y todos los demás factores que están fuera de su control, ¿nada de eso influye? —dijo, ya no con la misma convicción de la primera vez.

—Sé que suena extraño señor Guzmán, pero lo cierto es que el nivel de riqueza o pobreza que experimentan las personas se ha originado en su manera de pensar, se ha afianzado con sus hábitos y se ha solidificado con sus acciones. De principio a fin, ellas se encargaron de crear su estado financiero.

Muchos podrían argüir que la dificultad para lograr el éxito financiero en ciertos países o regiones del mundo, se encuentra en los enormes problemas que enfrentan dichas economías. Y aunque es verdad que la inflación, la devaluación de las monedas locales y las altas tasas de desempleo, suelen provocar grandes crisis, cabe anotar que bajo esas mismas circunstancias, millones de personas y empresas se las ingenian para crear grandes fortunas.

La riqueza financiera no es cuestión del medio o la ubicación, porque si así fuera, toda la gente de ciertos países sería rica, mientras que la de otros sería toda pobre. Pero, en todas partes vemos gente rica y pobre viviendo en las mismas ciudades, no muy lejos la una de la otra; compartiendo el mismo ambiente, e inclusive hasta con las mismas profesiones.

La verdadera diferencia no está en las circunstancias, sino en las personas, y creo que con el siguiente ejemplo quedará esto confirmado —enfatizó, mientras sacaba una revista económica de la cual se dispuso a leer:

"...Alrededor de 700 mil personas se hicieron millonarias en los Estados Unidos durante este año. Sin embargo, casi 2.1 millones de ellas se declararon en bancarrota durante ese mismo período de tiempo..."

—¿Qué quiere decir esto? —Preguntó, y cuando nadie respondió inmediatamente, continuó—. Esto quiere decir que por cada persona que se hizo millonaria durante ese año, tres se declararon en quiebra... En el mismo país, con las mismas leyes, la misma economía y las mismas oportunidades. Lo que demuestra que tanto el éxito como el fracaso financiero son el resultado de decisiones individuales y no de tendencias globales.

Desde ese momento quedó totalmente claro para Martín que mientras algunas personas desarrollan hábitos de éxito y poseen una mentalidad que les permite crear y aprovechar las oportunidades, otras han adquirido hábitos que las mantienen quebradas financieramente. Es más, supo que no importa qué tan pobre seas, o si estás sumido en deudas, o no tienes amigos, influencias o recursos, todo el que cambia su manera de pensar y empieza a hacer las cosas que tiene que hacer, le dará un vuelco total a su vida financiera. No que el pensamiento de la riqueza genere su formación instantánea, la clave, obviamente, está en actuar. Nada sucederá a menos que hagamos algo. Pero en la medida en que comencemos a actuar guiados por los pensamientos de lo que deseamos lograr, comenzaremos a notar que aquello en lo que nos enfocamos tiende a expandirse. Así es como los pensamientos de abundancia terminan por atraer abundancia.

¿Cuales son algunos de los hábitos que mantienen a la gran mayoría de las personas sumida en la pobreza? —continua el artículo que ahora tiene frente a sí. Lo que lee no le sorprende, son los mismos hábitos que él debió corregir años atrás.

"...La gente se mantiene pobre porque:

- Gasta el 150% de sus entradas. ¿Cómo es esto matemáticamente posible? Las tarjetas de crédito. El dinero plástico que nos permite hoy gastar los ingresos que aún no hemos recibido.

- Ahorra menos del 2% de lo que gana. Rara vez piensa en su retiro antes de los 50 años. Sólo un pequeño porcentaje ha invertido o ahorrado con miras a sus años dorados.

- No lleva ningún registro de sus finanzas. No posee un presupuesto de gastos, así que no sabe cuáles son sus ingresos reales, cuánto gasta, cómo y en qué. Financieramente hablando, vive en la oscuridad.

- No tiene metas financieras a largo plazo. No tiene cuenta de ahorros, inversiones de ningún tipo, ni pólizas de seguro de vida. La visión de su futuro financiero no va más allá del fin de mes.

- Es compradora impulsiva. Su manera de responder a los buenos o malos momentos es comprar o gastar. Pocas veces piensa en posponer dichas gratificaciones y nunca se detiene a considerar sus finanzas al momento de comprar".

El artículo concluye presentando tres pasos simples para comenzar a tomar control de nuestras finanzas:

1. "El primer paso es determinar exactamente dónde nos encontramos financieramente. Cuál es nuestro patrimonio personal, y cuál es el estado de nuestras finanzas. La clave es aceptar que, financieramente, en este momento nos encontramos exactamente donde queremos y hemos planeado hallarnos. No tenemos a nadie más a quien culpar que a nosotros mismos, ya que donde quiera que estemos, es el producto de nuestras propias decisiones.

2. El segundo paso es establecer metas financieras a corto y largo plazo; decidir dónde queremos estar financieramente en cinco, diez y veinte años.

3. El tercer paso consiste en decidir qué cambios debemos realizar en nuestra manera de actuar, y qué hábitos debemos desarrollar para ir de donde ahora nos encontramos a donde queremos llegar, y lograr las metas que nos hemos propuesto".

Los siguientes tres documentos que Martín extrajo del sobre contenían las indicaciones, estrategias y tácticas para llevar a cabo cada uno de estos tres pasos. Tal como lo hiciera por primera vez, años atrás, se dispuso a realizar nuevamente este ejercicio de autoevaluación que en aquel momento lo guiara por el difícil camino de las finanzas. Algunos de estos ejercicios lo habían obligado entonces a confrontar una realidad que había preferido no ver hasta ahora: sus pobres hábitos financieros. No obstante, sabía que a menos que sacara su dinero y sus finanzas de la oscuridad en que se encontraban y los viera a la luz de la realidad, nada cambiaría y continuaría preso de sus pobres hábitos. Hoy, celebraba haber tomado esa decisión.

El primero de estos tres documentos no era más que una forma con espacios en blanco para rellenar, que llevaba el título de "Patrimonio personal". Estaba acompañado de algunas instrucciones e indicaciones que Martín leyó cuidadosamente antes de proceder. Una vez diligenciada, esta planilla le mostraría con absoluta claridad el estado actual de sus finanzas, ya que el patrimonio no es más que el resultado de substraer las deudas de los bienes.

Patrimonio Personal = Bienes – Deudas

Bienes: todas aquellas posesiones que tienen un valor en efectivo, o que pueden convertirse a su equivalente en efectivo. Incluye dinero, ahorros en cuentas bancarias, inversiones, pensiones, negocios, finca raíz, bienes inmobiliarios, automóviles y otras propiedades.

Deudas: incluye los préstamos por pagar, el balance en tarjetas de crédito, hipotecas y cualquier otro tipo de deudas o dineros que debamos pagar.

Martín se armó de papel y lápiz, de valor y paciencia, y comenzó a revisar todos los cheques girados durante el último año. Examinó cuidadosamente sus extractos bancarios, recibos de tarjetas de crédito y cualquier otro documento que le indicara cómo gastó su dinero mes a mes, durante el último año. Estaba al tanto que era un proceso que tomaría algún tiempo, pero era consciente de lo que esas horas invertidas representaban para su futuro financiero.

Dependiendo de lo que encontrara una vez terminada esta tarea, tendría que fijar nuevas metas que le permitieran crear otra realidad financiera, llevando a cabo dos acciones específicas: aumentar sus ingresos y reducir sus gastos.

PATRIMONIO PERSONAL

BIENES

Bien o propiedad	Valor
Cuentas bancarias:	
1.________________	$________
2.________________	$________
3.________________	$________
- Dinero en efectivo	$________
- Intereses de inversiones	$________
- Cuentas de retiro	$________
- Dividendos	$________
- Finca raíz (casa propia y propiedades de inversión)	$________
- Valor de automóviles y otras propiedades personales	$________
- Valor acumulado en pólizas de seguro	$________
- Pensiones	$________
TOTAL	$________

DEUDAS

Deudas	Valor
Hipotecas	$________
Deudas personales:	
1.________	$________
2.________	$________
3.________	$________
Préstamos bancarios:	
1.________	$________
2.________	$________
3.________	$________
Balance en las tarjetas de crédito:	
1.________	$________
2.________	$________
3.________	$________
Otras deudas:	
1.________	$________
2.________	$________
TOTAL	$________

PATRIMONIO

BIENES – DEUDAS	Valor
TOTAL DE BIENES	$__________
(menos)	
TOTAL DE DEUDAS	$__________
PATRIMONIO PERSONAL	$__________

¿Cómo interpretar los resultados?

- Si su patrimonio es menos de la mitad de su salario anual o inclusive negativo, es vital que desarrolle inmediatamente un presupuesto de gastos, determine qué cambios debe hacer y ponga en práctica de inmediato las tácticas sugeridas en el tercer paso.

- Si su patrimonio es más de la mitad de su salario anual pero menor a tres o cuatro veces éste, sería conveniente hablar con un planificador financiero que le ayude a desarrollar una mejor estrategia de ahorro e inversión.

- Si su patrimonio sobrepasa los cuatro o cinco años de salario anual va en camino a alcanzar la libertad financiera.

Después de confirmar lo que ya presentía —que sus deudas excedían sus ingresos—, Martín se dio a la tarea de establecer nuevas metas financieras a corto y largo plazo. No se explicaba cómo, a pesar de los cambios que efectuó cuando realizó este mismo ejercicio cuatro años antes, su situación financiera actual fuera aún tan precaria.

Sin embargo, pronto se dio cuenta que muchas cosas cambiaron en su vida personal desde entonces; se casó, tuvo un hijo y sus circunstancias financieras y profesionales sufrieron un gran cambio. Esto lo hizo caer en cuenta de la importancia de examinar esta área con más frecuencia. Así que, sabiendo dónde estaba hoy, determinó dónde deseaba encontrarse financieramente en 15 o 20 años. Necesitaba tener esta información con suficiente anticipación, ya que la mitad de la eficiencia de cualquier inversión es el dinero invertido y la otra mitad es el tiempo necesario para que dicho capital se multiplique.

Martín continuó leyendo con gran interés cada una de las áreas en las cuales debía fijar metas claras, subrayando aquellas tareas y acciones sobre las que debía actuar inmediatamente:

"...Determine a qué edad desea retirarse de trabajar y cuánto dinero aspira a tener ahorrado para ese entonces; basado en esta información, desarrolle un plan de retiro que se ajuste a sus circunstancias. La vida financiera está dividida en tres partes: primero, están los años consagrados mayormente a la educación escolar y vocacional; después los dedicados a nuestro trabajo y profesión; y finalmente la etapa que viene después de retirarnos de trabajar o pensionarnos. Es importante tener presente que el momento de su retiro no tiene que ver necesariamente con cierta edad cronológica, sino con el hecho que usted pueda vivir con los ahorros, las inversiones y el capital que haya acumulado a lo largo de su vida productiva...

...A corto plazo, sus metas financieras deben incluir la elaboración de un presupuesto de gastos. Muy pocas personas toman el tiempo para desarrollar un presupuesto, quizás porque temen descubrir cuánto gastan cada mes y cómo lo gastan. Prefirieren vivir en la oscuridad, con la esperanza de que todo esté marchando bien. ¿No debería usted saber a ciencia cierta a dónde va su dinero cada mes?...

...Otra parte esencial de un plan financiero incluye pagarse a sí mismo primero; esto significa ahorrar mensualmente cierta cantidad de dinero, inclusive si es un monto pequeño. Su meta debe ser la de contar con una reserva equivalente a tres a seis meses de salario para usar en caso de emergencia, y eso sólo lo logrará ahorrando por lo menos el 10% de su salario cada mes...

...El llevar a cabo estos pasos, al tiempo que busca reducir o eliminar las deudas, será de vital importancia al momento de tomar decisiones a largo plazo en áreas como la compra de una casa, la planeación de su retiro, la adquisición de las diferentes pólizas de seguro que necesite, los posibles cambios en su campo de acción profesional, la educación de sus hijos, o si debe enfrentar cualquier emergencia, enfermedad o imprevisto..."

De los tres pasos mencionados en el texto, Martín sabe que el que ahora tiene frente a sí, en este último documento, es el más importante: decidir qué cambios realizar para ir desde donde ahora se encuentra hasta donde quiere llegar. Tiene claro que la pobre administración del dinero es el camino a la ruina económica, y que todas sus decisiones financieras, lo acercan o alejan de sus metas. Por desgracia, debido a la falta de información y elaboración de un plan, muchas de las decisiones financieras pasadas fueron errores gigantescos; así que prestó especial atención a las tres estrategias planteadas en este último paso. La primera de ellas lleva un título que en principio no entiende: ¡Páguese a sí mismo primero!

...Si cuando usted recibe su salario mensual —plantea este principio—, les paga a todos sus acreedores, cubre todas sus deudas, necesidades y demás gastos, pero olvida pagarse a sí mismo, terminará por crear un estilo de vida que escasamente le permitirá sobrevivir.

El artículo plantea un caso hipotético que lo impacta profundamente:

...Piense por un momento que si ha trabajado durante diez años, devengando treinta mil dólares al año, por ejemplo, eso quiere decir que ha ganado $300,000 dólares durante este tiempo. Ahora, vaya y mire su cuenta de ahorros y compruebe cuánto de esos ingresos ha ahorrado, y está invertido produciendo más dinero. Si descubre que, como le ocurre a la mayoría de las personas, no tiene ni un solo centavo ahorrado en el banco, pregúntese qué ha sucedido con su dinero. El problema es que olvidó pagarse a sí mismo primero. Es así de sencillo, durante todo este tiempo usted se preocupó de pagarle a los demás —acreedores, prestamistas, bancos— pero olvido pagarle a la persona más importante, a la que se encargó de producir dichos ingresos: ¡Usted!

No permita que esto le continúe sucediendo —exhorta el artículo—, tome la decisión de ahorrar e invertir el 10% de sus ingresos. Esa es la manera de comenzar a construir su propia fortuna. Cada vez que reciba su cheque a fin de mes, inmediatamente gire de ahí un 10% y deposítelo en una cuenta especial para su acumulación de riqueza. Cualquier persona, incluso la que devengue el salario mínimo, si empieza temprano está en posición de amasar una gran fortuna al desarrollar la disciplina de ahorrar e invertir su dinero de manera inteligente. Si no le es posible ahorrar el 10% de su salario, comience ahorrando el 1%. Guárdelo al principio de cada mes, incluso antes de empezar a pagar deudas. Viva con el otro 99% de su sueldo. Cuando se sienta cómodo con esto, incremente esta cantidad al 2% de su sueldo, después al 3%, así hasta llegar al 10%.

En poco tiempo descubrirá que estará ahorrando un 10% de sus ingresos y viviendo cómodamente con el resto; su cuenta de ahorros e inversiones empezará a crecer y a eliminar sus deudas. En uno o dos años, su vida financiera estará bajo control y usted estará en camino de construir su propia fortuna.

Si usted es incapaz de ahorrar, entonces la semilla del éxito financiero definitivamente no está dentro de usted. Desarrollar el hábito de ahorrar e invertir dinero, no es tarea fácil, requiere determinación y voluntad; debe fijarlo como un objetivo, escribirlo, hacer un plan y trabajar en él, todo el tiempo. Una vez que adquiere este hábito, se vuelve automático y su éxito financiero está asegurado.

La segunda estrategia que Martín examina, tiene que ver con la creación de un presupuesto de gastos.

...Ya sea que gane un millón de dólares al año o doscientos dólares semanales, si no elabora un presupuesto, nunca logrará el control de sus finanzas —afirma categóricamente el artículo—; sólo cuando sepa con certeza cuáles son sus ingresos mensuales netos, estará en posición de decidir qué parte de ese dinero puede gastar o invertir, ¡no antes! De aquí se deriva el principio financiero más simple y profundo para controlar su situación económica: si sus entradas son mayores que sus gastos, está acumulando riquezas, pero si, por el contrario, sus gastos son mayores que sus ingresos, entonces está acumulando deudas.

Martín recuerda la primera vez que realizó un presupuesto de gastos. Antes de aquella ocasión, siempre estaba preguntándose a dónde se le había ido su dinero; su cheque parecía esfumarse sin que él supiera cómo. Aún así, cuando escuchó que debía desarrollar su presupuesto personal, lo primero que dijo fue: "No son mis gastos con lo que necesito trabajar, sino con mis ingresos. Ese es el problema".

A regañadientes él y su esposa accedieron a trabajar en esta área con su contador; estaban seguros de tener sus gastos bajo control. Sin embargo, para que entendieran la importancia de saber a ciencia cierta el monto de sus gastos, antes de empezar a trabajar en el presupuesto, les pidió a los dos, por separado, que escribieran en un papel la cantidad de dinero que creían gastar mensualmente. Así lo hicieron. Él guardó los dos papeles y procedió con el desarrollo del presupuesto familiar de gastos.

Una vez terminado el ejercicio, sacó nuevamente los dos papeles en que cada uno de ellos escribió el monto aproximado de sus gastos mensuales, para compararlos con la cantidad real que acababan de calcular. La primera sorpresa que se llevaron fue descubrir que las cantidades que cada uno de ellos puso diferían en más de un 10% la una de la otra. Sin embargo, la verdadera sorpresa fue que después de examinar minuciosamente sus gastos reales se dieron cuenta que estos eran un 30% más elevados de lo que ellos creían estar gastando.

Mientras que él suponía que sus gastos no iban más allá de los $2.400 dólares mensuales, su esposa aseguraba que estos ascendían a los $3.000 dólares. No obstante, una vez terminaron de revisar el presupuesto y determinaron la cifra exacta, encontraron toda una serie de gastos menores, pequeñas gratificaciones, y desperdicios de dinero que hacían que sus gastos reales sobrepasaran los $4.100 dólares mensuales.

¿No deberían ellos saber a ciencia cierta a dónde se iba cada mes el dinero que tan duramente habían ganado? —Pensó Martín, mientras observaba aquella planilla que acababan de llenar con la ayuda de su contador—. Una cosa es desear ser financieramente libre, otra es determinar con absoluta honestidad cuál es el estado real de sus finanzas personales basado en sus prioridades más importantes.

Pero hasta ahora sólo había realizado la primera parte del ejercicio —proyectar un presupuesto estimado de gastos basado en sus nuevas prioridades y metas a corto y largo plazo—. Determinaría qué categorías incluiría en el presupuesto final y el monto que asignaría a cada una de ellas. La segunda parte exigiría mantener un control durante los siguientes meses para comprobar cuánto dinero estaba gastando realmente en cada área —presupuesto real—. Sólo así establecería en qué áreas necesitaba realizar ajustes a su presupuesto y en cuáles reducir sus gastos.

PRESUPUESTO

Ingresos	**Estimado**	**Real**
Ingresos mensuales (salario)	$______	$______
Intereses	$______	$______
Otros ingresos (comisiones, bonos, regalías)	$______	$______
Ingresos totales	$______	$______
Gastos fijos	**Estimado**	**Real**
Alimentación	$______	$______
Renta o pago de hipoteca	$______	$______
Ahorros (10% de los ingresos)	$______	$______

Matrícula escolar	$______	$______
Transporte	$______	$______
Primas de seguros	$______	$______
Pagos de deudas	$______	$______
Servicios (agua, gas, electricidad)	$______	$______
Telefonía e Internet	$______	$______
Otros	$______	$______
Total de gastos fijos	$______	$______
Gastos variables	**Estimado**	**Real**
Recreación	$______	$______
Útiles escolares	$______	$______
Ropa	$______	$______
Gastos médicos y dentales	$______	$______
Lavandería	$______	$______
Reparaciones	$______	$______
Peluquería	$______	$______
Golosinas	$______	$______
Regalos	$______	$______
Otros	$______	$______
Total de gastos variables	$______	$______
Gastos totales (fijos + variables)	$______	$______
Balance (Ingresos — Gastos)	$______	$______

La última estrategia presenta uno de los principios que mayor dificultad le dan a Martín y su esposa: el hecho de regular y posponer los gastos y las compras impulsivas.

De acuerdo a Tom Stanley, autor del libro *Mi vecino el millonario*, la moderación y el autocontrol son dos de los factores claves en la acumulación de riqueza. De acuerdo con Stanley, las personas que han acumulado gran riqueza cuidan muy bien cómo y en qué gastan su dinero. La tarea era simple, si deseaba prosperidad y abundancia en su vida, necesitaba aprender a regular sus gastos y vivir dentro de sus posibilidades.

Basta con mirar la televisión o escuchar la radio para ver que la vida se ha vuelto una gran venta de rebajas. Todos los fines de semana se han convertido en una venta de realización, una oportunidad para "comprar dos y llevar tres", una invitación a "comprar hoy y pagar mañana". Y si no tiene cuidado, si no posee metas específicas que lo estén moviendo hacia el logro de su libertad financiera, corre el peligro de caer víctima de esta actitud de consumismo y mediocridad.

Muchas personas piensan que si ganaran el doble, todos sus problemas financieros se resolverían. Sin embargo, lo cierto es que si no sabemos cómo administrar cien dólares, menos sabremos cómo administrar mil. Si piensa que su problema es que no gana suficiente dinero, ello significaría que toda persona que gana un poco más que usted no debería tener ningún problema financiero. Sin embargo, las personas que ganan cientos de miles de dólares al año, también pueden tener dificultades financieras. Muchas de ellas se encuentran tan mal financieramente como aquellas que únicamente ganan doscientos dólares a la semana. La única diferencia es que están quebradas a un nivel más alto.

El problema es que a una gran mayoría de nosotros somos compradores impulsivos y nos encanta darnos regalos con frecuencia. Esto no sólo crea la ilusión de que estamos bien económicamente, sino que nos hace sentir que estamos en control de nuestras finanzas. Muchas personas, cuando peor se encuentran económicamente, llegan al colmo de gastar el dinero que no tienen, en cosas totalmente innecesarias, sólo para tratar de convencerse a sí mismas de que su situación financiera no está tan mal como parece. Por supuesto, lo único que esto logra es empeorar aún más las cosas.

Una característica que comparten muchos de los grandes triunfadores es el hábito de premiarse sólo tras haber alcanzado alguna de sus metas. Una práctica que produce resultados doblemente efectivos, ya que por un lado, les ayuda a controlar sus gastos, y por otro, les da un incentivo más para lograr sus fines.

Una medida bastante efectiva para ayudarle a controlar este mal hábito de comprar compulsivamente es que cuando esté pensando en adquirir algo fuera de lo ordinario, algo que comúnmente no suele comprar, no lo haga inmediatamente, inclusive si cree, como casi siempre suele suceder, que es absolutamente indispensable que lo adquiera ya mismo. ¡No lo compre! Escríbalo en un papel, póngalo en la puerta del refrigerador, o en cualquier otro sitio visible, y déjelo ahí por lo menos una semana. Si al final de ese tiempo aún quiere comprarlo con el mismo deseo que antes, entonces hágalo, sólo si está en posición de pagarlo en efectivo.

Si hace esto, probablemente descubrirá un gran número de cosas que, en su momento, pensó que necesitaba con gran urgencia, pero que, en realidad, no era así. Se dará cuenta que, de haberlas adquirido, habría desperdiciado su dinero. Haga esto y no sólo tendrá más ahorros al final del mes, sino que también habrá dado un gran paso para tomar el control de su situación financiera.

Plan de Acción:

¿Cuáles son sus cinco metas financieras más importantes a largo plazo?

a. ______________________________

b. ______________________________

c. ______________________________

d. ______________________________

e. ______________________________

¿Posee un presupuesto que le permita asumir el control de sus finanzas?

____

____

____

____

¿Suele caer víctima de las compras compulsivas, o ha aprendido a diferir los gastos innecesarios para no despilfarrar su dinero?

____

____

____

____

¿Utiliza sus tarjetas de crédito indiscriminadamente, sin tener en cuenta sus metas a largo plazo?

____

____

____

____

5. ¿Ahorra una parte de sus entradas todos los meses? Si no es así, ¿cuánto dinero piensa ahorrar mensualmente de ahora en adelante?

____

____

____

____

6. Escriba tres nuevos hábitos que adquirirá para desarrollar un futuro financiero sólido:

a. ____________________________________

b. ____________________________________

c. ____________________________________

7. ¿Mantiene un estado de búsqueda constante de oportunidades que le representen mejores ingresos? ¡Explique!

____

____

____

____

8. Identifique cinco actividades de poca prioridad en las que hoy malgasta su dinero, y que eliminará ya mismo:

a. ____

b. ____

c. ____

d. ____

e. ____

Mis 10 metas financieras más importantes:

Meta Fecha

1. ______________________________/____________
2. ______________________________/____________
3. ______________________________/____________
4. ______________________________/____________
5. ______________________________/____________
6. ______________________________/____________
7. ______________________________/____________
8. ______________________________/____________
9. ______________________________/____________
10. ______________________________/____________

Afirmaciones de Éxito

1. Siempre visualizo mentalmente los resultados que espero obtener en todo lo que hago. La clara visión de mis metas me provee con la fuerza y la motivación para alcanzarlas.

2. Concibo el dinero como una herramienta para efectuar cambios positivos en mi vida, y en la de aquellos a mi alrededor. El dinero es un criado y yo soy su amo. Soy yo quien determino qué hacer con él.

3. Disfruto de la libertad financiera que continuamente logro como resultado de poseer metas financieras específicas, y como resultado de mi compromiso e inteligencia en el manejo de mis finanzas.

4. Soy financieramente responsable. El dinero viene fácil a mí, porque sé cómo administrarlo y porque he desarrollado hábitos de éxito para asegurarme que él trabaje para mí.

5. Yo creo independencia financiera en mi vida de muchas maneras. Tengo metas específicas que me dicen exactamente cuánto dinero ganaré y cuándo y cómo vendrá a mí.

6. Manejo bien mi crédito. Nunca abuso de él, ni soy esclavo de mis tarjetas de crédito. Estoy dispuesto a esperar por las cosas que deseo, no caigo víctima de la trampa de querer todo ya mismo.

7. Nunca malgasto el dinero. He aprendido el valor de invertir mi dinero sabiamente. Soy responsable y calculador en todas mis decisiones financieras. Debido a mi buen manejo del dinero, siempre logro ahorrar lo suficiente.

CAPÍTULO

9

EL ÁREA FAMILIAR

A sus treinta y dos años, Alan Vila no sólo es el gerente más joven de la compañía, sino que su ascenso en la empresa ha sido meteórico. Conocido por su creatividad, carisma, y estilo de liderazgo accesible, su compromiso y dedicación con la organización son incuestionables. Prueba de ellos son las largas horas de trabajo y las maratónicas travesías que realiza frecuentemente por todo el país, visitando las oficinas regionales, saludando a los clientes y buscando nuevas oportunidades de negocios para la empresa.

Sin embargo, su personalidad inquieta e hiperactiva celebrada por muchos, que lo empujó a perseguir metas cada vez mayores y le permitió ganar una gran notoriedad y poder dentro de la empresa, también ha causado grandes estragos en otras áreas de su vida.

Después de sólo siete años de casado, hace cinco meses, al regresar a casa encuentra que su esposa se ha marchado con su hijo, dejándole una nota que decía: "Actúas como si yo no existiera. Ya no deseo vivir un día más así. Adiós! –Ángela". Todos sus esfuerzos por lograr que ella reconsiderara su decisión fueron vanos. No sólo eso, sino que ahora debe contentarse con ver a su hijo únicamente los fines de semana.

Estos cinco meses solo, le han permitido ver todas las señales de peligro y las advertencias de que su matrimonio estaba en camino al desastre. No se explica cómo ignoró todos estos mensajes y avisos que le indicaban el peligro de continuar desatendiendo su relación de pareja. Ahora es demasiado tarde.

"Si tan sólo le hubiese prestado atención a aquella gotera", piensa tras echarle un vistazo a los papeles que ha extraído del sobre. "Si sólo le hubiese prestado atención", repite una vez más, recordando la anécdota que Roberto, el dueño de la compañía, le compartió meses antes de su separación. De hecho, tenía presente cada detalle de la conversación.

Roberto no es simplemente su jefe, es su amigo. Sus familias compartían frecuentemente cenas, reuniones y todo tipo de eventos sociales. Se conocían desde antes que Alan llegara a ocupar la gerencia general de la empresa. Desde el primer día en la compañía se convirtió en su aliado personal, en su mano derecha, y sus esposas se hicieron amigas inseparables.

Por eso, aquel día cuando lo llamó a su oficina y le informó que Ángela había telefoneado esa mañana, él supuso que se trataba de alguna invitación a cenar para ese fin de semana. Tampoco le extrañó que ella no se lo hubiese consultado antes; la vida social era su área, su responsabilidad; él se limitaba a seguir instrucciones, decía siempre bromeando.

—¿Todo bien en casa? —su tono de preocupación lo tomó por sorpresa.

—Así es. ¿Por qué lo preguntas?

—Posiblemente no es nada de importancia. Sin embargo, prefiero pecar de demasiado preocupado y no de desentendido.

—¿Es algo que te dijo Ángela? Vamos, no te andes con rodeos, que lo que haya que arreglar lo arreglamos ya mismo.

Esa era su actitud. El hombre de las soluciones instantáneas. Todo problema lo evaluaba rápidamente, planteaba la solución: 1... 2... 3..., y delegaba la ejecución del plan a quien correspondiera.

—Acabo de hablar con Ángela, vacila, y me preguntó si no era posible enviar a alguien más a la reunión de la próxima semana. Parecía algo perturbada; me comentó que es el cumpleaños de tu hijo y... Alan, tú sabes que no es necesario que vayas a esa reunión, hay dos o tres personas más que podrían tomar tu lugar sin ningún problema.

Alan estaba visiblemente molesto por encontrase en esa situación tan incómoda. A pesar de la amistad incuestionable entre él y su jefe, odiaba involucrarlo en sus contrariedades personales. Un par de días atrás, entre triste y alterada, Ángela ya había tocado el tema de su viaje. Habían tenido una pequeña discusión que él hizo a un lado, suponiendo que en unas horas se le pasaría a ella la rabieta. Obviamente, no fue así.

—Siéntate un momento Alan —le pidió, presintiendo que no todo estaba tan bien como su joven amigo proclamaba—. Déjame contarte un anécdota que por muchos años me ha servido en momentos importantes:

En cierta ocasión regresaba de un viaje a Nueva York; estaba ansioso de llegar a casa, había sido un viaje largo y, afortunadamente, todo parecía indicar que partiríamos a la hora prevista. Embarcamos a tiempo, y pronto la aeronave inició su carreteo hasta la cabecera de la pista. El avión estaba a punto de despegar cuando, de repente, sin explicación alguna, regresó a la terminal. Después de varios minutos escuchamos las palabras del capitán, informándonos que había detectado un pequeño goteo de líquido en uno de los motores del avión, y que regresaba para que revisaran de qué se trataba.

¿Sabes cuánto tiempo se demoraron para arreglar aquella gotera? ¡Más de cinco horas! Estoy seguro que la compañía perdió miles de dólares, muchos pasajeros llegaron tarde a sus reuniones y compromisos o perdieron sus conexiones y en general, aquel insignificante goteo causó un malestar que afectó a todos por igual. También es muy probable que el haber atendido aquella gotera haya prevenido un accidente. ¿Si ves? La gota era una advertencia. Nunca sabremos si se trató de un síntoma de poca importancia o fue una señal que advertía una posible tragedia; y ¿sabes qué? Me alegro que no hayamos tenido que descubrirlo a diez mil metros de altura.

Por supuesto que el prestar atención y arreglar aquella pequeña señal de advertencia, aquel pequeño detalle, causó molestias pasajeras, pero también sé que posiblemente evitó una catástrofe.

—¿Me estás diciendo que la llamada de Ángela es una señal de advertencia de que hay algo mal en mi matrimonio?

—¡No! No estoy insinuando tal cosa. Lo que sí es seguro es que esa llamada es una gotera; es posible que resulte no ser nada importante, pero existe la posibilidad que sea una de esas pequeñas señales que buscan advertirte que algún aspecto de tu relación necesita atención inmediata. El día en que se retrasó mi vuelo aprendí una importante lección, Alan: si les prestáramos atención oportuna a las pequeñas señales de advertencia que se nos presentan en el camino, tendríamos menos tragedias que lamentar. Hay áreas de nuestra vida, en las que, aunque los detalles sean pequeños, no nos podemos dar el lujo de ignorarlos...

—Agradezco tu preocupación, pero te aseguro que no hay por qué preocuparse. Todo está bien en casa. Sé que estoy viajando mucho, pero Ángela entiende que es parte del precio. No hay nada por qué alarmarse.

—Déjame hacerte una pregunta: ¿Cuánto tiempo a la semana de conversación ininterrumpida crees tú que hay entre esposo y esposa? —insiste Roberto buscando hacer recapacitar a su obstinado amigo.

—No lo sé. Supongo que un par de horas.

—¡27 minutos! Eso es todo. ¿No te parece increíble? La pareja promedio invierte menos de media hora a la semana en comunicarse. Eso es menos de cuatro minutos diarios. ¿Y sabes cuál es la excusa más frecuente para justificar la poca comunicación? No hay tiempo. No caigas en esa trampa Alan. Ningún trabajo, ni siquiera este, puede ni debe costarte tu familia.

Desde ese día, Roberto se había comportado como un buen amigo y un gran jefe; llegó al punto de eliminar por completo sus viajes en contra de la voluntad del propio Alan, sólo para que atendiera sus deberes familiares.

Pero como diría su esposa: "No hay peor ciego que aquel que no quiere ver". Él quiso solucionar las cosas con paños de agua tibia, sin atender los problemas que aquejaban su relación de pareja. Pretendió solucionar todo con cambios cosméticos, pero en el fondo, todo continuó igual: los viajes fueron reemplazados por largas horas en la oficina; volvía a casa cada vez más tarde y exhausto; las discusiones se hicieron más frecuentes, y aún así, Alan no parecía darse cuenta de nada. Sólo veía que su esposa se había vuelto irascible y estallaba por cualquier cosa. Se sentía injustamente tratado. Después de todo era su trabajo lo que lo ocupaba.

Las acusaciones mutuas fueron en aumento y pronto ninguno de los dos quiso escuchar o entender al otro, hasta esa tarde cuando Alan encontró aquella fatídica nota.

Los meses desde su separación le habían permitido apreciar las muchas señales de peligro que había pasado por alto, advertencias que desfilaron una tras otra, ignoradas por completo. Pensó en la gotera de la monotonía, no suya, puesto que para él cada semana traía nuevos viajes, nuevos lugares, nuevos retos y satisfacciones, sino la monotonía que aquejaba a su esposa, quien lo veía poco y estaba siempre al frente de las mismas tareas rutinarias. Esa rutina que pronto se tornó en aburrimiento y después en aversión y resentimiento. Al final, simplemente dejaron de hablarse.

Alan toma uno de los papeles que venían dentro del sobre y lee:

...Pocas veces el fin de una relación llega sin anunciarse —al leer esto, sonríe burlonamente y aunque por un instante considera dejar de lado el papel continúa leyendo—. La mayoría de las parejas que atienden sesiones de terapia descubren que su relación no se deterioró de golpe, sino que ocurrió poco a poco. Fue un proceso gradual que presentó múltiples oportunidades de reconciliación que fueron desaprovechadas. De hecho, aquellas personas que dicen haber sido tomadas por sorpresa por la petición de separación, experimentaron innumerables señales de advertencia mucho antes de aquel momento. Ellas simplemente las ignoraron, o no les prestaron la atención necesaria, hasta que fue demasiado tarde. A continuación encontrará cinco señales de alerta que indican que algo no está marchando bien en la relación de pareja:

1. **La conversación cesa:** Uno de los primeros síntomas de que algo anda mal es la disminución del deseo de conversar con nuestra pareja, y peor aún, la desaparición de la voluntad de escuchar. En un comienzo, esto suele ser el resultado de la falta de tiempo, el exceso de compromisos y obligaciones que mantienen distantes a los cónyuges, o actividades más triviales como la televisión y otras distracciones que exigen escasa o ninguna interacción. Poco a poco, los temas de conversación se van reduciendo, hasta terminar en los más básicos: los hijos, el trabajo y las finanzas familiares. Finalmente, la monotonía y la falta de interés hacen que gradualmente desaparezca el deseo de dialogar.

2. **La necesidad del espacio personal:** Es indudable que el matrimonio no implica la pérdida de la identidad propia. Nadie debe sentirse como un simple apéndice de su pareja, o creer que sin ella es un ser incompleto. Sin embargo, una señal de alejamiento es la insistente necesidad por nuestro espacio personal. Mientras que en un comienzo parecíamos no soportar la ausencia de nuestra pareja, ahora su presencia parece sofocarnos y clamamos nuevamente por nuestra independencia y espacio personal. Ya no somos uno, como en nuestros mejores momentos; ahora somos dos otra vez, enfocados exclusivamente en nuestros intereses individuales y no en los comunes.

3. **El alejamiento gradual:** Este es un enemigo de la intimidad que se cuela en nuestra vida muy sutilmente. Primero, dejamos de besar a nuestra pareja en los labios, lo cual comienza de manera peligrosamente inofensiva: la prisa con que salimos a nuestro trabajo cada mañana hace que optemos por un beso rápido en la mejilla. Pronto, pasa a ser uno de esos besos enviados a distancia, acompañados de la insípida frase: "te mando un beso", hasta que se esfuma y pasa a ser una caricia del pasado. Por ese mismo camino, pronto se marchan los abrazos, las tomadas de mano, las relaciones sexuales, los elogios e incluso las palabras tiernas, hasta que lo único que queda es un estado de apatía e indiferencia. Muchas personas, absurdamente tratan de racionalizar este alejamiento como parte natural de la evolución de la relación de pareja.

4. **La ausencia de los pequeños detalles:** Al comienzo de la relación de pareja, los detalles son el combustible que hace que esta prospere y los sentimientos se consoliden. De manera que no es de extrañar que la desaparición de estos pequeños detalles cause un estancamiento y sensación de pérdida en la relación. ¿Cuándo fue la última ocasión que le hizo un regalo a su pareja, sin que existiera una fecha especial o razón específica para hacerlo, más que el deseo de demostrarle su amor? Las vicisitudes de la vida diaria generan omisiones que se acumulan con el paso del tiempo y que socavan la relación. Pronto se esfuma el cariño y olvidamos hasta las normas más básicas de convivencia. Lo primero que echamos por la borda son las cuatro expresiones de cariño y respeto básico en la relación de pareja: te amo, lo siento, gracias y por

favor. La falta de cariño se refleja en nuestra conducta: acciones sencillas como el no molestamos en llamar a casa para informarle a nuestra pareja que llegaremos tarde, o servirnos una taza de café en la mañana sin preguntarle a ella si también desea una, son acciones, aparentemente triviales, que indican un deterioro de nuestra actitud hacia nuestra pareja.

5. **La desaparición del tiempo juntos:** Este es uno de los productos de la vida agitada. Como con las anteriores señales de peligro, comienza de manera muy sutil. Primero se nos dificulta encontrar tiempo para estar juntos, luego empezamos a posponer la celebración de fechas importantes (aniversarios, cumpleaños) para cuando sea conveniente. Con el tiempo, pasar tiempo juntos suena menos y menos atractivo, hasta que dejamos de disfrutar de actividades como salir a caminar, ir al cine, o salir a cenar con nuestra pareja, a menos que sea en compañía de otros amigos.

Alan leyó y se dio cuenta de las muchas señales de peligro que había pasado por alto. Comprendió que su negligencia, no sólo fue la causa de su separación, sino que le impidió influir positivamente en la vida de su hijo.

El documento termina con una evaluación de nuestra relación con los demás miembros de la familia.

¿Qué tan bien conoce a su pareja?

Escriba las tres mayores cualidades que su pareja posee:

a. ______________________________

b. ______________________________

c. ______________________________

¿Qué fue lo que más le atrajo de su pareja cuando la conoció?

____

____

____

____

Si como algunos expertos aseguran, toda persona tiene sentido del humor, ¿qué fue lo que más le gustó acerca del sentido del humor de su pareja?

____

____

____

____

Describa la velada más romántica que recuerda haber pasado con su pareja:

____

____

____

____

____

____

¿Cuáles son algunas de las cosas positivas que otras personas dicen acerca de su pareja?

a. ______________________________

b. ______________________________

c. ______________________________

d. ______________________________

e. ______________________________

¿Cuáles son los tres sueños, metas o aspiraciones más importantes de su pareja:

a. ______________________________

b. ______________________________

c. ______________________________

Esta evaluación busca dejarle saber qué tan bien conoce a su pareja. Comparta sus respuestas con ella, o utilícelas para buscar conocer más profundamente a este ser con el cual ha decidido pasar el resto de sus días.

¿Qué tanta atención le presta a los pequeños detalles?

Asigne un puntaje de 1 a 5 a cada una de las siguientes preguntas, 1 = Nunca, y 5 = Siempre.

1. ¿Le agradece a su pareja por hacer pequeñas cosas en casa? ___

2. ¿Tiene la costumbre de preguntarle cómo se siente y escuchar lo que tiene que decir? ___

3. ¿Le pregunta a su pareja si desea comer un poco más, antes de servirse el último bocado? ___

4. ¿Cuando su pareja ha tenido un día difícil en la casa o el trabajo, es especialmente atento con ella? ___

5. ¿Le demuestra su aprecio cuando observa que ella ha hecho un esfuerzo por ser atenta con usted? ___

6. ¿Para lo que está haciendo cuando su pareja llega a casa, para saludarla cariñosamente? ___

7. ¿Está dispuesto a tratar nuevas actividades en las que su pareja muestra estar interesada, así usted no lo esté? ___

8. ¿Con cuánta frecuencia utiliza las cuatro expresiones de respeto y afecto en la relación de pareja: te amo, lo siento, gracias y por favor? ___

9. ¿Cuando los familiares de su pareja los visitan, se esfuerza porque ellos se sientan a gusto? ___

10. ¿Da prioridad a conversar con su pareja sobre cualquier otra actividad que esté demandando su atención? ___

- Puntajes entre los 10 y los 20 puntos. Debe prestar más atención a su pareja y a su relación.
- Puntajes entre los 20 y los 30 puntos. Va por buen camino. Sin embargo, hay cosas por hacer.
- Puntajes entre los 30 y los 40 puntos. Buen trabajo. Prémiese con una velada inolvidable.
- Puntajes entre los 40 y los 50 puntos. Felicitaciones.

Acerca de su relación con sus hijos:

Asigne un puntaje de 1 a 5 a cada una de las siguientes preguntas, 1 = Nunca, 5 = Siempre.

1. ¿Consulta la opinión de sus hijos al momento de fijar sus metas familiares? ___

2. ¿Ayuda a sus hijos con sus tareas y se involucra en sus actividades e intereses personales? ___

3. ¿Sabe cuáles son los sueños y metas más importantes de sus hijos? ___

4. ¿Comúnmente, se reúne a hablar con ellos, sin que tenga que existir ningún problema o situación que lo exija? ___

5. ¿Está dispuesto a tratar nuevas actividades en las que sus hijos estén interesados, así usted no lo esté? ___

6. ¿Les da a sus hijos su completa atención, así deba parar lo que sea que esté haciendo? ___

7. ¿Les pregunta a sus hijos cómo se sienten o cómo estuvo su día y escucha lo que ellos tienen que decir? ___

8. ¿Busca eliminar cualquier abismo generacional que exista entre usted y sus hijos? ___

9. ¿Participan sus hijos voluntariamente en sus intereses personales, preferencias deportivas o actividades recreativas? ___

10. ¿Conoce, habla, e interactúa con los amigos, compañeros o profesores de sus hijos? ___

- Puntajes entre los 10 y los 20 puntos. Debe prestar más atención a su relación con sus hijos. Examine cada respuesta y determine qué empezará a cambiar hoy mismo.
- Puntajes entre los 20 y los 30 puntos. Es importante lograr una mayor cercanía con sus hijos. Recuerde que de esto depende el que se convierta en una fuerza de impacto positivo en sus vidas.
- Puntajes entre los 30 y los 40 puntos. Buen trabajo. Es hora de llevar su relación con sus hijos a una nueva dimensión. Sea creativo y sorpréndalos.
- Puntajes entre los 40 y los 50 puntos. Felicitaciones. Busque compartir su historia con otras personas, ya que tristemente su situación es muy poco común, y el mundo necesita que eso cambie.

Plan de Acción:

¿Está satisfecho con la relación que mantiene con su cónyuge y con sus hijos? Escriba cinco acciones que realizará para mejorarla:

a. ______________________________

b. ______________________________

c. ______________________________

d. ______________________________

e. ______________________________

¿Da prioridad a sus relaciones familiares sobre sus logros profesionales, o permite que esta área quede relegada a un segundo plano?

____

____

____

____

3. ¿Conoce realmente a los miembros de su familia? ¿Cuáles son las tres metas más importantes de su cónyuge y de sus hijos?

Esposo(a)

a. ______________________________

b. ______________________________

c. ______________________________

Hijo(a)

a. ______________________________

b. ______________________________

c. ______________________________

4. ¿Sabe cuáles son los retos o situaciones más difíciles que enfrentan sus hijos?

____

____

____

____

5. ¿Mantiene rencores, celos o rivalidad, con alguno de los miembros de su familia? ¿Cómo remediará dicha situación?

____

____

____

____

6. ¿Qué actividades específicas fomentarán un mayor grado de comunicación entre los miembros de su familia? Sea puntual.

a. ______________________________

b. ______________________________

c. ______________________________

7. ¿Celebra las fechas especiales en compañía de su familia?

____
____
____
____

8. ¿Durante el último mes, qué actividad específica ha llevado a cabo para dejarle saber a su pareja cuánto la ama y cuánto aprecia su amor y su apoyo?

____
____
____
____

9. ¿Comparte sus decisiones, problemas o inquietudes con su familia o suele mantenerlos alejados de las otras áreas de su vida?

____
____
____
____

Mis 10 metas familiares más importantes:

Meta | Fecha

1. ______________________________/______________
2. ______________________________/______________
3. ______________________________/______________
4. ______________________________/______________
5. ______________________________/______________
6. ______________________________/______________
7. ______________________________/______________
8. ______________________________/______________
9. ______________________________/______________
10. ______________________________/______________

Afirmaciones de Éxito

1. Disfruto de las experiencias y bendiciones que mis relaciones han traído a mi vida. Disfruto mucho de ser un gran padre/madre, y de experimentar los grandes frutos y placeres que mi relación con mis hijos trae a mi vida.

2. Mi relación de pareja funciona porque he trabajado en ella. Aunque desde un principio tomé la decisión de tener éxito en mis relaciones familiares, esto es algo que nunca doy por sentado, y soy consciente del papel que juego para que el éxito perdure.

3. Respeto la individualidad de mi pareja. Admiro las muchas cualidades y talentos que ella ha traído a nuestra relación, y frecuentemente demuestro mi amor y admiración, tanto en público como en privado.

4. Busco siempre solucionar cualquier problema de una manera positiva, siendo sensible a las necesidades de mi pareja, sin ignorar las mías. Cualquier desacuerdo o discusión que tengo con ella, lo soluciono en privado, con entendimiento, empatía y profundo amor.

5. Soy honesto, sincero y abierto en mi manera de pensar. Me expreso de manera clara y serena, siendo muy sensible con las opiniones y sentimientos de mis seres queridos.

6. Siempre transmito a mis hijos los valores que considero importantes para el éxito, a través de mi propio ejemplo. Mis acciones y hábitos son consistentes con los valores y principios de éxito que gobiernan mi vida.

7. Cuando hablo, lo hago con convicción. Escojo bien las palabras que uso, asegurándome de ser claro y asertivo, al tiempo que soy respetuoso y considerado con cada uno de los miembros de mi familia.

CAPÍTULO

10

UN NUEVO COMIENZO

Cuando Alan termina de hacer su exposición, un abrumador sentimiento de congoja y desconsuelo desciende sobre el grupo. Durante las pasadas 72 horas han experimentado un verdadero raudal de emociones que van desde la esperanza y la seguridad hasta el desasosiego y la incertidumbre, y en el ambiente es posible percibir el estado de confusión en el que todos parecen encontrarse. Después de algunos minutos de este singular estupor, Mark toma la palabra:

> —Es indudable que estos tres días han sido un gran viaje de autodescubrimiento —al decir esto, pasea su mirada por cada uno de ellos—. Antes de comenzar con sus presentaciones hablábamos de tres aspectos que debíamos tener en cuenta: la necesidad de planear, el asegurarnos que las metas que identificamos respondan a todas las facetas de nuestra vida y la importancia de asignarle una prioridad a cada una de ellas. Ya trabajamos con los dos primeros, ¿alguna pregunta?

Después de haber escuchado a sus demás compañeros, Sebastián está más seguro que nunca que su postura inicial, no sólo estuvo acertada, sino que todas las vivencias que ha escuchado de labios de sus compañeros validan lo que él siempre sospechó.

—Más que una pregunta, quisiera hacer una observación: pareciera que el planteamiento que realicé hace un par de días ha quedado más que demostrado por nuestras experiencias personales: ¡No hay nada completo en la vida!

—No importa qué tanto esfuerzo realicemos, siempre habrá áreas de nuestra vida que quedarán desatendidas —agrega Alan, con su pensamiento aún en lo que él mismo acababa de compartir.

Raquel, quien escribe a prisa en su libreta, levanta la mano y toma la palabra de inmediato:

—Yo quiero ofrecer otro punto de vista —indica, sabiendo que ella misma secundó la opinión de Sebastián el primer día—. Debo confesar que hace un par de días me sentía igual. Creía que no importara cuanto tratara, nunca lograría responder a todas las facetas de mi vida. Y me parecía injusto el precio que debía pagar por mi éxito profesional. No tenía la menor idea sobre tu separación, no sabes cuánto lo siento —miró a Alan con tristeza, no eran grandes amigos, pero le incomodó que supiera tan poco sobre sus propios compañeros. Él buscó animarla con una pequeña sonrisa—. Sin embargo, después de realizar este ejercicio, y de escucharlos a todos, reconozco que hay ciertas actividades que me ayudarían a vivir de manera mucho más balanceada, que no realizo porque no se me habían ocurrido o porque no creía tener tiempo para ellas.

Pienso que el dilema que enfrentamos no es que "nada sea completo en la vida", creo que el verdadero problema es cuando aceptamos esa idea como una realidad indiscutible e inmodificable.

—Muy bien, ahora la pregunta es, ¿qué podemos hacer para cambiar esta realidad? —interrumpe Mark, indicando con su mirada que la pregunta es para cualquiera que quiera aventurar una opinión.

El joven expositor sabe que el grupo está cercano de dar un paso decisivo en su camino hacía lograr el balance del cual ha venido hablando. Aunque en un principio quiso restarle importancia a la apreciación de Sebastián, es consciente que su idea sobre la imposibilidad de lograr tal balance es una que muchos profesionales terminan por aceptar sin mayores cuestionamientos, creyéndola parte del precio por el éxito. Sin embargo, Raquel acaba de dar un importante paso en dirección a eliminar esta errada idea, y él no va a desaprovecharlo.

—Creo que debemos empezar por darle prelación a todo lo que consideramos realmente importante; hacer pequeños cambios en nuestra rutina diaria —dijo Raquel, convencida de que estos cambios, aparentemente insignificantes, son el camino a la creación de nuevos hábitos.

—Estoy de acuerdo —añade Guillermo—, no creo que nadie se propone ignorar o menospreciar ningún aspecto de su vida. Si algo he aprendido en estos tres días es que nadie proyecta fracasar; el problema es que tampoco planeamos nuestro éxito, y no nos damos cuenta que al no hacerlo, de por sí estamos planeando nuestro fracaso. Y yo creo que, tal como dice Raquel, el éxito comienza con asignarle prioridad a las cosas.

Janet, quien había permanecido al margen de la discusión, ve el momento preciso de reforzar la idea que ya compartió el día anterior:

—Yo creo que de lo que se trata es de entender que el trabajo no es lo más importante, que no es mi mayor prioridad, y que cuando le doy más trascendencia que a la salud o a la familia, por ejemplo, todas las áreas de mi vida terminan sufriendo, incluida la productividad en el trabajo. Así que no estoy logrando nada con ser una adicta al trabajo ya que pierdo yo, pierde mi familia y pierde la empresa. ¡Todos perdemos!

—No es sabio ignorar ninguna faceta de nuestra vida —agregó Sara pensando nuevamente en la conversación con su esposo dos noches antes—. Muchas veces cometemos el error de pensar que hay aspectos que no requieren mayor atención, que más adelante nos ocuparemos de ellos cuando hayamos atendido lo "realmente importante"; que ya nos preocuparemos de las relaciones familiares o la salud, una vez tengamos nuestra empresa o las finanzas bajo control, que leeremos o viajaremos más tarde, cuando haya más tiempo. Sin embargo, ¿qué nos hace pensar que más adelante le prestaremos atención a estas tareas, cuando decidimos ignorarlas hoy? ¿Qué ganamos con engañarnos diciendo que las atenderemos en el futuro cuando no lo hicimos en el presente?

La última frase de Sara queda suspendida en el aire y parece encontrar la aprobación de todos. Mark está visiblemente satisfecho por lo ocurrido con el grupo en tan corto tiempo.

—Por eso debemos asegurarnos de escuchar a cada uno de los miembros de la junta directiva—apuntando en dirección a la lista que ha permanecido en el tablero desde el primer día—. Pero hablemos ahora del último aspecto de esta estrategia: asignarle la prioridad indicada a cada una de las metas que hemos identificado en las diferentes áreas. Aunque antes de eso, debemos decidir el orden de prioridad de cada una de esas facetas. ¿A qué me refiero? Debemos determinar qué aspecto de nuestra vida goza de mayor importancia. ¿La familia? ¿La salud? ¿Nuestra vida espiritual...?

Como ya dijimos durante el primer día, este orden influirá, no sólo en las decisiones que tomemos, sino en el rumbo que le daremos a nuestra existencia —su experiencia le ha enseñado que es posible que dos individuos tengan exactamente los mismos objetivos profesionales y familiares, lo cual nos hace pensar que son muy similares, pero el orden de importancia que le asignen a dichas facetas deja ver las claras diferencias que existen entre ellos—. Una persona para quien sus metas profesionales gozan de mayor importancia que las familiares es muy distinta a aquella que ha asignado mayor prioridad a la familia. Sus decisiones y conductas, su manera de pensar y de ver el mundo son muy diferentes.

—¿Pero no cree que si queremos responder a toda faceta de nuestra vida corremos el riesgo de no salir adelante en ninguna de ellas? —Pregunta Martín algo confuso. Aunque desearía dedicar más tiempo al deporte, a la familia y a las demás áreas mencionadas, ha concluido que todo eso tendrá que esperar hasta tanto no tome control de sus averiadas finanzas.

—Es indudable que si dedica todo su esfuerzo a destacarse en una sola área de su vida, es muy posible que lo consiga —responde Mark—, pero si lo hace a expensas de todo lo demás, no creo que haya triunfado. Recuerde que el éxito auténtico se logra cuando consigue que los siete miembros de su junta directiva colaboren de forma armónica, lo cual nos trae al último aspecto de esta estrategia, y es aprender a darle prioridad a las diferentes metas que identificamos en todas las áreas.

Ya ustedes escribieron sus diez metas más importantes en el área que les correspondió. Ahora deben hacer lo mismo con cada una de las seis áreas restantes. Escriban todas las metas que se les ocurran, piensen en sus objetivos a corto y largo plazo, sin importarles qué tan lógicas o realistas parezcan ser en sus actuales circunstancias, o si otros las creen imposibles. Simplemente, escríbanlas. Continúen hasta que sientan que han vaciado su mente de cuanta idea tienen. No se detengan hasta haber escrito por lo menos diez propósitos, sueños o aspiraciones en cada área.

Lo que Mark propone no será tarea fácil para Sara, y ella lo sabe. Aunque tiene muy claras sus metas espirituales y familiares, no se engaña, está al tanto de lo mucho que ha descuidado otros aspectos de su vida: la salud, las finanzas. El reto en los días venideros será darle igual importancia a los demás aspectos de su vida.

—Cuando hayan hecho esto —prosiguió Mark mientras escribe en la pizarra—, revisen cada una de sus listas nuevamente y asígnenle la prioridad correspondiente a cada uno de los objetivos que han detallado, utilizando las letras A, B y C. Una meta A es una de esas que, de lograrla, tienen la plena certeza que cambiará su vida totalmente. La B es para aquello que les gustaría conseguir porque es significativo para ustedes, pero que no es tan importante como un logro A. Una meta C es algo que sería bueno obtener, pero que no es tan trascendental como una A o B.

Ahora, tomen todas las metas A, y asígnenles un valor numérico, por ejemplo A1, A2, A3... Entre todas ellas, la A1 es sin lugar a dudas la más importante, aquella que producirá el cambio más positivo y brindará mayor satisfacción que el logro de cualquier otra. Si tienen dificultad en identificarla, pregúntense cuál escogerían si supieran que sólo podrán alcanzar una de ellas —sólo una y nada más, pero con la garantía de que van a lograrla.

Alan tenía claro cual era su meta A1: recuperar a su familia. Sabía que su esposa aún lo amaba; se lo había dicho en una de las visitas de fin de semana en la que su hijo insistió en que cenaran los tres como una familia. Y aunque por unos instantes él sintió que estaban nuevamente juntos, ella fue clara: jamás aceptaría continuar siendo ignorada, viviendo, como lo había hecho por muchos años, a la sombra de sus ambiciones profesionales. Aún más, no creía que él fuera a cambiar. Sin embargo, él sabía que ya había cambiado, los meses de separación le habían ayudado a replantear todas las prioridades en su vida.

—Ahora pregúntense —continuo Mark— ¿Si supieran que lograrán una más de sus metas A, cuál de las restantes sería? Esa es la A2, y así sucesivamente. Ahora ya tienen una lista con todas sus metas, sueños, aspiraciones, ideales y todo lo demás que desean alcanzar. Además, tienen una lista aparte de todas las más importantes y le han asignado la prioridad correspondiente a cada una de ellas. Lean esa lista periódicamente para asegurarse que sus acciones van dirigidas hacia la realización de dichas metas.

El siguiente paso consiste en asignar una fecha específica en la cual esperan haber alcanzado las metas A1, A2 y A3. Por el momento sólo lo haremos con las tres más importantes en cada área. En la medida en que sientan que pueden empezar a trabajar en otra, establezcan un plazo definido para su logro y prosigan.

Finalmente, tomen la meta A1 y hagan una lista de las diferentes tareas, acciones, objetivos a corto y mediano plazo que les ayudarán a alcanzarla. Estas acciones deben ser suficientemente concretas, de manera que sea posible incorporarlas en su lista de actividades diarias. Si hacen esto, pronto descubrirán que cuando dividen inclusive su meta más grande y ambiciosa en sus componentes básicos, es mucho más realizable que si simplemente la dejan como una generalidad.

Y si hacen esto con cada área muy seguramente se darán cuenta que sí es posible llevar una vida balanceada, plena y feliz.

Sé que no podemos borrar las caídas y los errores del pasado. Lo único que es posible hacer es cambiar nuestra forma de actuar de manera que no volvamos a caer en las mismas faltas.

Guillermo comprendió el mensaje. No había nada que hacer acerca de las decisiones que causaron el deterioro de su salud porque estaban en el pasado; la única posibilidad que tenía era tomar mejores decisiones sobre cómo viviría en adelante.

—Quiero terminar diciéndoles que aunque, muy posiblemente, no toda sueño que escriban se hará realidad, estoy seguro que si permiten que las ideas que hemos discutido en los pasados tres días se conviertan en hábitos, pronto descubrirán que es posible vivir plenamente, que no hay razón por la cual debamos sacrificar ningún aspecto de nuestra vida como pago para lograr el éxito en otra área.

Cuando Mark terminó de hablar, nadie abandonó la sala de juntas. Guillermo continuó trabajando en su lista unos minutos más. Raquel y Sebastián compartían animadamente mientras los demás integrantes del grupo se congregaban alrededor del joven expositor hablando aún de algunas de sus inquietudes. Era claro que las pasadas 72 horas les habían dado mucho en qué pensar. Ahora venía lo más importante, detrás de la puerta de la sala de juntas les esperaba una nueva vida... una que ellos se encargarían de construir.